キャリアアッ

# クイズ

# 介護の知識



監修：笠原　幸子
編著：前田万亀子

## はじめに

日本はいまだかつてない超高齢化社会に直面しており、介護は利用者の意向を尊重しながら、利用者の生活全般、そして人生をも支える大切な仕事であり、介護職はやりがいを持って従事しています。

本書は介護職が現場ですぐ活用できるデータ＆情報満載のおたすけハンドブックです。

「成年後見制度って何…」「介護職ができる医療行為は…」「ADL評価は…」「専門用語の○○は…」など、知っていたはずなのに、覚えていたのにというときに、クイズで復習しながら、いつでも、どこでも、その場でチェックして役だてていただけます。

常に携帯して日々の介護ケア質の向上にご活用ください。

本書の特長と使い方

介護福祉士
国家試験にも役だつ!

# 介護の知識を

## 介護の仕事に必要なデータや知識をコンパクトな1冊に!

4つのカテゴリーで基本網羅

### Ⅰ・心得知識

制度のことや
コンプライアンス
敬語なども!

### Ⅱ・健康知識

医療行為・バイタル値
BMI・意識レベル
心臓蘇生法も!

### Ⅲ・生活知識

ADL評価・
認知症高齢者日常生活
自立度や栄養
薬なども!

### Ⅳ・からだと用語辞典

骨・骨格・筋肉
口腔などの部位名と
その他用語も!

いつでも、どこでも…ポケットに入れておこう!

「クイズ」でマスターできる! 現職なら記録や日誌の記入にも役だつ!

# 情報の羅列でなく楽しく学べるQ&A(クイズ)形式!

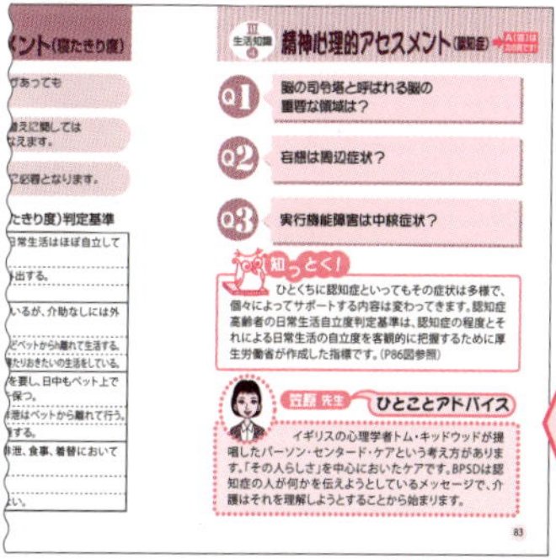
III 生活知識 4 精神心理的アセスメント(認知症) A(答)は次の頁です!

Q1 脳の司令塔と呼ばれる脳の重要な領域は?

Q2 妄想は周辺症状?

Q3 実行機能障害は中核症状?

知っとく!

ひとくちに認知症といってもその症状は多様で、個々によってサポートする内容は変わってきます。認知症高齢者の日常生活自立度判定基準は、認知症の程度とそれによる日常生活の自立度を客観的に把握するために厚生労働省が作成した指標です。(P86図参照)

笠原先生 ひとことアドバイス

イギリスの心理学者トム・キッドウッドが提唱したパーソン・センタード・ケアという考え方があります。「その人らしさ」を中心においたケアです。BPSDは認知症の人が何かを伝えようとしているメッセージで、介護はそれを理解しようとすることから始まります。

83

⇦タイトル

「Q」 クイズ形式で知識や情報を問う

先生のアドバイスなど

めくると次のページに

「A」 答え

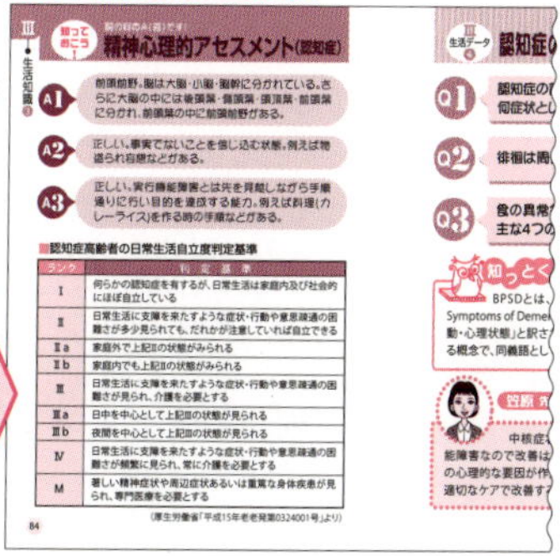
III 生活知識 知っておこう! 精神心理的アセスメント(認知症)

A1 前頭前野。脳は大脳・小脳・脳幹に分かれている。さらに大脳の中には後頭葉・側頭葉・頭頂葉・前頭葉に分かれ、前頭葉の中に前頭前野がある。

A2 正しい。事実でないことを信じ込む状態。例えば物盗られ妄想などがある。

A3 正しい。実行機能障害とは先を見越しながら手順通りに行い目的を達成する能力。例えば料理(カレーライス)を作る時の手順などがある。

■認知症高齢者の日常生活自立度判定基準

| ランク | 判定基準 |
| --- | --- |
| I | 何らかの認知症を有するが、日常生活は家庭内及び社会的にほぼ自立している |
| II | 日常生活に支障を来たすような症状・行動や意思疎通の困難さが多少見られても、だれかが注意していれば自立できる |
| IIa | 家庭外で上記IIの状態がみられる |
| IIb | 家庭内でも上記IIの状態がみられる |
| III | 日常生活に支障を来たすような症状・行動や意思疎通の困難さが見られ、介護を必要とする |
| IIIa | 日中を中心として上記IIIの状態が見られる |
| IIIb | 夜間を中心として上記IIIの状態が見られる |
| IV | 日常生活に支障を来たすような症状・行動や意思疎通の困難さが頻繁に見られ、常に介護を必要とする |
| M | 著しい精神症状や周辺症状あるいは重篤な身体疾患が見られ、専門医療を必要とする |

(厚生労働省「平成15年老老発第0324001号」より)

84

あっそうだった!

データのまとめなど

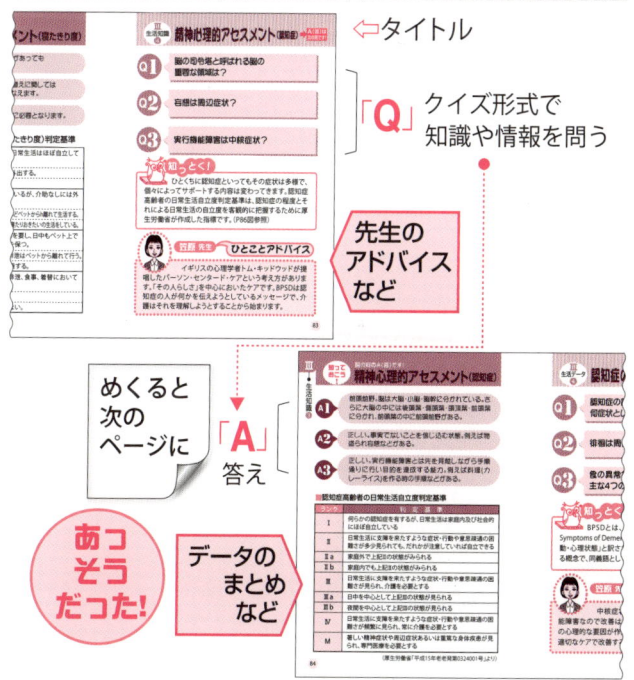

# 目次

## Ⅳ クイズでマスター 体と用語辞典



## コラム 知っておきたいこんなこと

# I

# クイズでマスター
# 介護の知識
# 心得

# Q & A

三大介助って？

「食べる」の
尊敬語は？

特養と
福祉施設は
違うの？

成年後見
制度って？

介護保険について
説明できる？

# 介護の知識「心得」

## 介護は利用者の生活支援

**介護スタッフの仕事は、利用者の「尊厳の保持」と自立・自律を目ざした介護サービスを提供することです。**

①質のよい介護サービスを提供するために幅広い能力・知識を身につけておく。
②利用者の身近にいてニーズや変化をいち早く察知する。
③利用者の言葉に耳を傾け、コミュニケーション能力を磨く。
④専門職として利用者の心に寄り添う。

### 笠原先生からのメッセージ

知識や技術の習得に研鑽し、経験を積むことで、求められる介護職像に近づけるよう歩んでください。また、スキルアップのためには目標を持つことです。例えば、「3年後の私は○○になりたい」など。それによってモチベーションも大きく変わります。

I 心得知識 ①

# 介護の資格と仕事

A(答)は次の頁です!

**Q1** 理学療法士・作業療法士は国家資格？

**Q2** 訪問介護の仕事は資格がなくてもできる？

**Q3** 三大介助の３つとは何？

## 知っとく!

平成25年4月から「訪問介護員養成研修（1級～3級）」及び「介護職員基礎研修」は「介護職員初任者研修」に一元化されました。訪問介護事業及び在宅・施設を問わず介護の業務に従事しようとする者が対象です。

## 笠原 先生 ひとことアドバイス

利用者と直接かかわる介護スタッフ、さらにフロアリーダーや施設長などポジションは多彩です。また、その他に、生活相談員・介護支援専門員（ケアマネジャー）・看護師・理学療法士・作業療法士なども働いています。それぞれの役割について理解しましょう。

知っておこう！

前の頁のA(答)です！

# 介護の資格と仕事

**A1** 国家資格。同資格には介護福祉士・社会福祉士・精神保健福祉士などがあります。

**A2** できません。初任者研修あるいは実務者研修を修了または介護福祉士の資格が必要です。

**A3** 入浴、排せつ、食事介助のことです。

## 代表的な介護資格

- 介護支援専門員（ケアマネジャー）
- 移動介護従業者（ガイドヘルパー）
- ケアクラーク（介護保険事務）
- 福祉住環境コーディネーター（1級～3級）
- 認知症ケア専門士　など

### 国家資格

- 介護福祉士
- 社会福祉士
- 精神保健福祉士
- 理学療法士
- 作業療法士

## 介護の仕事

介護の仕事は、どのような状況にあっても幸せな人生を求めている人に対して、その人らしい生活をいっしょに創っていくことです。そのために、他職種と協働して介護サービス利用者の身体的・精神心理的・社会環境的支援を行ないます。

# I 心得知識 2 高齢者の住まい

A(答)は次の頁です!

**Q1** 特別養護老人ホームと介護老人福祉施設は違うの？

**Q2** 軽費老人ホームは、A型とB型、もうひとつは何？

**Q3** サービス付き高齢者向け住宅のサービスは主に生活相談何？

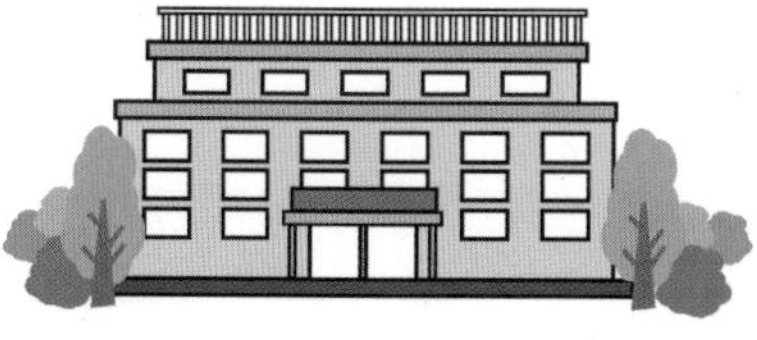

**笠原 先生 ひとことアドバイス**

介護施設といってもさまざまです。入居者が希望する生活はそれぞれで、施設が提供するサービスも異なります。また、施設によってはいろいろな職種の人が働いています。どのような職場で、どのような人が働いているのかを理解しておきましょう。

知って おこう!

前の頁のA(答)です!

# 高齢者の住まい

**A1** もともとあった特養が介護保険の施設に移行しました。介護老人福祉施設と呼ばれるよりも特養という名称で呼ばれることが多いです。

**A2** ケアハウス。自活には不安があり、家族援助が難しい60歳以上の人が対象です。

**A3** 安否確認。国土交通省・厚生労働省所管の「高齢者住まい法」に基づく施設です。

## 自宅以外で支援が必要な人が生活する場

**■特別養護老人ホーム(介護老人福祉施設)**
地方公共団体、社会福祉法人が運営。重度の要介護者が優先して入所。

**■介護老人保健施設**
居宅での生活復帰を目ざす施設。看護や医学的管理下でサービスを提供。

**■介護療養型医療施設**
療養病床を有する病院・診療所等が運営。長期療養を必要とする人が対象。

**■軽費老人ホーム(原則として外部の介護保険サービスを利用)**
A型、B型、ケアハウスがあり、それぞれに条件が異なる。

**■有料老人ホーム**
食事の提供、入浴、排せつなどの介護、家事、健康管理などのサービスを提供。

**■サービス付き高齢者向け住宅**
バリアフリー構造等を有し、介護と医療とが連携したサービスを提供。

**■認知症高齢者グループホーム(認知症対応型共同生活介護)**
家庭的な環境で共同生活をしながら入浴や食事、介護等のサービスを提供。

**■養護老人ホーム**
居宅での養護が困難な場合に、市町村の老人福祉法の措置決定により入所する。

I 心得知識 ③

# 介護保険法

A(答)は次の頁です!

**Q1** 介護保険法って何?

**Q2** 介護保険のサービスを受けられるのはどんなとき?

**Q3** 要介護認定を受けた人が受けられるサービスは何?

**Q4** 要支援認定を受けた人が受けられるサービスは何?

## 笠原 先生 ひとことアドバイス

要介護認定には、原則6か月という有効期間があります。更新をしないと要介護認定が失効し、介護サービスが受けられなくなるので注意しましょう。居宅サービスの中には、車イスや特殊ベッドなどの福祉用具購入・貸与(レンタル)や住宅改修費の支給もあります。高齢者の状態に合わせてうまく利用していただきましょう。

知って おこう！

前の頁のA（答）です！

# 介護保険法

**A1** 原則公費（税金）と40歳以上の人たちからの保険料で介護が必要な人の生活を支えるための法律。

**A2** 65歳以上で要支援・要介護状態となったとき。40〜64歳では、末期癌・関節リウマチ等の加齢による特定疾病になったとき。

**A3** たくさんあるサービスを総称して介護給付と呼びます。

**A4** たくさんあるサービスを総称して予防給付と呼びます。

## 介護保険サービスの内容

| 予防給付（要支援1・2） | 介護給付（要介護1〜5） |
|---|---|
| 介護予防サービス | 居宅サービス |
| 地域密着型介護予防サービス | 地域密着型サービス |
| 介護予防支援（介護予防サービス計画） | 居宅介護支援（居宅介護サービス計画） |
| | 介護保険施設 |
| 介護予防住宅改修 | 居宅介護住宅改修 |

I 心得知識 4

# 介護保険申請

A(答)は次の頁です!

**Q1** 要介護認定には、担当者による調査結果と何を元に判断される？

**Q2** 要介護認定が出るまでの期間はどれくらい？

**Q3** 要介護認定の有効期間は？

**知っとく!**

要介護認定を受けるには、居住する市区町村の介護保険担当窓口等で。その後、認定調査員が認定を受ける人を訪問して調査を行ないます。

**笠原先生　ひとことアドバイス**

介護保険は措置ではなく契約なので、受けるサービスを決めるのは利用者本人です。相談に乗る場合は、本当に必要とする介護や支援が受けられるよう、利用者本人や家族の思いを理解するようにしましょう。

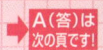

知っておこう！

前の頁のA(答)です!

# 介護保険申請

**A1** 主治医の意見書。医学的な見地から意見を求めるためのものです。

**A2** 30日以内。要介護認定通知書と介護保険費保険証が送られてきます。

**A3** 新規の場合は原則6か月。状態に応じて3〜12か月の設定をする場合もあります。

## 介護サービスの利用の流れ

要介護認定・要支援認定の申請

▼

認 証 調 査

▼

かかりつけ医の意見請

▼

介護認定審査会の判定

| | |
|---|---|
| ⇩ | ⇩ |
| 要介護1〜5の方 | 要支援1・2の方 |
| ▼ | ▼ |
| 居宅介護支援事業所 | 地域包括支援センター |
| 居宅介護サービス計画の作成 | 介護予防サービス計画の作成 |
| ▼ | ▼ |
| 居宅介護サービス利用の開始 | 介護予防サービス利用の開始 |

I 心得知識 5

# 介護保険が適用される特定疾病

A(答)は次の頁です!

**Q1** 第2号被保険者が要介護認定が受けられるのはどんなとき?

**Q2** 介護保険法に規定される特定疾病は何種類?

**Q3** 特定疾病以外で介護が必要になっても介護保険のサービスが利用できないの?

## 知っとく!

介護保険が適用される特定疾病とは、加齢による心身の変化に起因して、要介護状態になると認められる疾病です。

## 笠原 先生 ひとことアドバイス

40歳~64歳の第2号被保険者でも、特定疾病により要支援・要介護状態であれば介護保険のサービスを受けることができます。主治医に相談してもらい、要件に合うようなら介護認定の手続きをするように助言しましょう。

知っておこう!

前の頁のA(答)です!

# 介護保険が適用される特定疾病

**A1** 介護が必要となった原因が介護保険法に規定されている「特定疾病」である場合です。

**A2** 16種類。加齢との関係が認められる疾病です。

**A3** できません。特定疾病以外の原因で要介護・要支援状態になった場合は介護保険のサービスを受けられません。

## 特定疾病16種類

1. がん(がん末期)
2. 関節リウマチ
3. 筋萎縮性側索硬化症
4. 後縦靱帯骨化症
5. 骨折を伴う骨粗鬆症
6. 初老期における認知症
7. 進行性核上性麻痺、大脳皮質基底核変性症及びパーキンソン病
8. 脊髄小脳変性症
9. 脊柱管狭窄症
10. 早老症
11. 多系統萎縮症
12. 糖尿病性神経障害、糖尿病性腎症及び糖尿病性網膜症
13. 脳血管疾患
14. 閉塞性動脈硬化症
15. 慢性閉塞性肺疾患
16. 両側の膝関節又は股関節に著しい変形を伴う変形性関節症

# 要介護認定

A(答)は次の頁です!

**Q1** 要介護度(要介護状態区分)は何段階?

**Q2** 介護保険サービスの自己負担割合は?

**Q3** 自立(非該当)の人が利用できるサービスはある?

## 知っとく!

介護サービスを利用した場合、利用者の負担は介護サービスにかかった費用の原則1割です。ただし、居宅サービスを利用する場合は、要介護度別に1か月当りの限度額が決められています。超えた分が全額自己負担となります。

## 笠原 先生 ひとことアドバイス

利用者負担は原則1割ですがケアプラン作成費用(居宅介護支援・介護予防支援)では利用者負担は発生しないので注意しましょう。

知っておこう!

前の頁のA(答)です!

# 要介護認定

**A1** 要支援1～2、要介護1～5の7段階と非該当(自立)に分かれています。

**A2** 要介護認定区分の限度額まで1割負担。

**A3** あります。地域支援事業による介護予防サービスを受けることができます。

## 要介護認定の段階

| | |
|---|---|
| 要支援1 | 社会的支援を必要とする状態。居室掃除などの身の回りの世話の一部に何らかの介助が必要。 |
| 要支援2 | 部分的な介護を必要とする状態。身だしなみ・居室掃除などの身の回りの世話の一部に何らかの介助が必要。状態の維持改善の可能性有り。 |
| 要介護1 | 部分的な介護を必要とする状態。身だしなみ・居室掃除などの身の回りの世話の一部に何らかの介助が必要。心身の状態が不安定。 |
| 要介護2 | 軽度の介護を必要とする状態。身だしなみ・居室掃除などの身の回りの世話の全般に何らかの介助が必要。 |
| 要介護3 | 中度の介護を必要とする状態。身だしなみ・居室掃除などの身の回りの世話が自分ひとりではできない。 |
| 要介護4 | 重度の介護を必要とする状態。身だしなみ・居室掃除などの身の回りの世話がほとんどできない。移動の動作が自分ひとりではできない。 |
| 要介護5 | 最重度の介護を必要とする状態。身だしなみ・居室掃除などの身の回りの世話がほとんどできない。移動の動作がほとんどできない。 |

I 心得知識 7

# 介護サービスいろいろ

A(答)は次の頁です!

**Q1** 居宅サービスで療養のためのアドバイスを行なうサービスは何?

**Q2** 通所介護(デイサービス)と通所リハビリテーション(デイケア)との違いは?

**Q3** 福祉用具貸与の対象となる用具は何品目ある?

## 知っとく!

福祉用具はレンタルを原則としていますがレンタルになじまない尿器や便器などは特定福祉用具として購入します。購入の場合は1年間で10万円。次年度では再度10万円までは1割で購入可能。一方、住宅改修は特別な事情がない場合、同一住宅で20万円までは1割負担です。

## 笠原 先生 ひとことアドバイス

ケアプランで必要な福祉用具をレンタルすることができますが、介護度により対象とならない用具もあります。利用者の身体の動きをしっかり観察して本当に必要な福祉用具は何なのか、利用者や他専門職と相談しながら決めましょう。

知って
おこう
！

前の頁のA(答)です!

# 介護サービスいろいろ

**A1** 居宅療養管理指導。医師等が自宅を訪問し、療養のアドバイスを行ないます。

**A2** 通所リハビリテーション。体の機能の維持・回復を支援します。

**A3** 13品目。
要介護度に応じて貸与できる用具は異なります。

## 主な介護サービス

### 訪問系サービス

訪問介護、訪問入浴、訪問看護、定期巡回・随時対応型訪問介護看護 など

### 通所系サービス

通所介護（デイサービス）、通所リハビリ（デイケア） など

### 短期滞在系サービス

短期入所生活介護（ショートステイ） など

### 居住系サービス

特定施設（有料老人ホーム等）入居者生活介護
認知症共同生活介護（グループホーム） など

### 入所系サービス

介護老人福祉施設（特別養護老人ホーム）、介護老人保健施設（老健） など

**介護の道しるべ** ⇨今できることはすぐ実行しよう！

I 心得知識 8

# コンプライアンス

A(答)は次の頁です!

**Q1** コンプライアンスを直訳すると?

**Q2** 福祉六法のひとつで
高齢者に対する法律は?

**Q3** 介護保険法が制定されたのは何年?

## 知っとく!

コンプライアンスには「法令遵守」も含まれますが、法人が定める就業規則や職員行動指針、社会的信頼の維持向上・社会貢献の遵守、さらに企業リスクを回避するための運営、その環境の整備まで含まれます。

## 笠原 先生 ひとことアドバイス

コンプライアンスのためには、公私混同をしないこと、自分には関係がないという意識を持たないことをしっかり頭に入れておきましょう。

知っておこう!

前の頁のA(答)です!

# コンプライアンス

A1 (法令)遵守。英語でcomplianceと表記します。

A2 老人福祉法。他に生活保護法、児童福祉法、母子及び寡婦福祉法、身体障害者福祉法・知的障害者福祉法があります。

A3 1997年(平成9年)12月。施行(スタート)されたのは2000年(平成12年)4月。

## 法律の理念

### 老人福祉法

**第1条**(目的)

この法律は、老人の福祉に関する原理を明らかにするとともに、老人に対し、その心身の健康の保持及び生活の安定のために必要な措置を講じ、もつて老人の福祉を図ることを目的とする。

**第2条**(基本理念)

老人は、多年にわたり社会の進展に寄与してきた者として、かつ、豊富な知識と経験を有する者として敬愛されるとともに、生きがいを持てる健全で安らかな生活を保障されるものとする。

**第3条**

老人は、老齢に伴って生ずる心身の変化を自覚して、常に心身の健康を保持し、又は、その知識と経験を活用して、社会的活動に参加するように努めるものとする。

I 心得知識 9

# 禁止事項

A(答)は次の頁です!

**Q1** 身体拘束は例外的に認められている?

**Q2** 高齢者に対する暴言ぐらいでは虐待にならない?

**Q3** ネグレクト(neglect)の意味は?

## 知っとく!

禁止事項には、利用者との癒着禁止、情実的な取引の禁止、虐待の防止(身体的虐待・心理的虐待・性的虐待・経済的虐待)、セクシャルハラスメントやパワーハラスメントの防止、リベート要求の防止などがあります。

## 笠原 先生 ひとことアドバイス

介護職は仕事を通じて多くの利用者と接する仕事です。信頼関係を築くことは大切ですが、特定の利用者に必要以上の期待を抱かせる言動は慎むようにしましょう。

知ってておこう!

前の頁のA(答)です!

# 禁止事項

**A1** いいえ。原則として禁止されています。

**A2** 虐待になる。心理的虐待です。
してはいけないことをすること。

**A3** しなくてはならないことをしないこと。
高齢者虐待のひとつです。

## 介護保険指定基準において禁止の対象となる具体的な行為

1. 徘徊しないように、車イスやイス、ベッドに体幹や四肢をひも等で縛る。
2. 転倒しないように、ベッドに体幹や四肢をひも等で縛る。
3. ベッドを柵(サイドレール)で囲む。
4. 点滴・経管栄養等のチューブを抜かないように四肢をひも等で縛る。
5. 手指の機能を制限するミトン型の手袋等を着ける。
6. Y字型抑制帯や腰ベルト、車イステーブルを付ける。
7. 立ち上がりを妨げるようなイスを使用する。
8. 介護衣(つなぎ服)を着せる。
9. 他人への迷惑行為を防ぐため、ベッドなどに体幹や四肢をひも等で縛る。
10. 向精神薬を過剰に服用させる。
11. 自分の意志で開けることのできない居室等に隔離する。

I
心得知識
10

# 成年後見制度

A(答)は
次の頁です!

## Q1 成年後見制度が定められている法律は何?

## Q2 成年後見制度って何?

## Q3 成年後見制度によく似た福祉の制度は何?

### 知っとく!

成年後見制度には、法定後見と任意後見があります。法定後見とは判断能力の低下などの理由で後見人を選任することです。任意後見とは判断能力が低下する前に本人が前もって後見人や契約内容を取り決め、判断能力が低下したとき援助する制度です。

### 笠原 先生 ひとことアドバイス

判断能力の不十分な認知症高齢者などが損害を受けないように社会的に支援する制度として成年後見制度がありますが、もっと手続きが簡便な支援の仕組みとして、都道府県社会福祉協議会を実施主体とする日常生活自立支援事業があります。

知っておこう!

前の頁のA(答)です!

# 成年後見制度

**A1** 民法です。

**A2** 認知症高齢者などが損害を受けないように、その諸権利を守るとともに社会的に支援する制度。

**A3** 社会福祉法に定められている日常生活自立支援事業。

## 成年後見制度の概要

| | 補　助 | 保　佐 | 後　見 |
|---|---|---|---|
| 対象者(判断能力) | 精神上の障害により判断能力が不十分な者 | 精神上の障害により判断能力が著しく不十分な者 | 精神上の障害により判断能力がない状況にある者 |
| 申立人 | 本人、配偶者、4親等内の親族、任意後見人　など | | |
| 本人の同意 | 必要 | 不要 | 不要 |
| 保護者 | 補助人 | 保佐人 | 成年後見人 |
| 監督人 | 補助監督人 | 保佐監督人 | 成年後見監督人 |
| 身上配慮義務 | 本人の心身の状態及び生活の状況に配慮する義務 | | |

介護の道しるべ ⇨4親等内の親族を調べよう!(P.37参照)

# バイスティックの7原則

A(答)は次の頁です!

**Q1** 「バイスティックの7原則」はだれが定義した原則?

**Q2** 7原則を3つ以上挙げることができますか?

**Q3** 社会福祉援助技術は一般的に英語で何と呼びますか?

## 知っとく!

公的機関職員、特に福祉事務所の生活保護担当職員の通称がケースワーカー(CW)で、ソーシャルワーカー(SW)はすべての職域を包括する職名でしたが、社会福祉士資格者を指すことが多くなってきています。

## 笠原 先生 ひとことアドバイス

「バイスティックの7原則」は対人援助技術の基本的、かつ根本的な原則です。介護者が当事者と援助関係を形成するうえで重要な原則といえるでしょう。

チームワークを大切にしよう!⇦介護の道しるべ

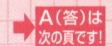

知ってこう!

前の頁のA(答)です!

# バイスティックの7原則

**A1** アメリカのケースワーカーのフェリックス・P.バイステックによる原則です。

**A2** 下記参考。実際に現場で援助技術として活用しましょう。

**A3** ソーシャルワーク。依頼者を援助する人をソーシャルワーカー、援助される人をクライアントと呼びます。

## バイスティックの7原則

介護職が相手とサポートの関係を結ぶとき、活用が求められる原則です。これらの原則は独立したものではありません。それぞれの原則には他の原則が必然的に含み込まれています。つまり、どれかひとつの原則が欠けてしまえば、援助関係全体に欠損が生じよい関係を形成することができないのです。

1. **個別化**
Aさんは OK でも B さんはダメ、ひとりひとりみんな違います。
2. **意図的な感情表出**
「そうなんですか～」。相手の感情表現を大切にします。
3. **統制された情緒的関与**
自分の感情を自覚してコントロールすることです。
4. **受容**
受け止めるということは、とりあえずその人の話を聞いてみるということです。
5. **非審判的態度**
相手に対する判断を保留する。
6. **自己決定**
「どちらにされますか?」。相手の自己決定を促して尊重する。
7. **秘密保持**
秘密を保持して信頼関係を醸成する。

I 心得知識 12

# 基本の接遇マナー

A(答)は次の頁です!

**Q1** 「失礼いたします」のおじぎの角度は?

**Q2** 「○○してください」を言い換えると?

**Q3** 用事を頼まれたときの返事は?

## 知っとく!

会釈(えしゃく)…日常のあいさつなど。15度の角度でおじぎ。(「おはようございます」)

敬礼…出迎えなど。30度の角度でおじぎ。(「いらっしゃいませ」)

最敬礼…感謝や謝罪など。45度の角度でおじぎ。(「ありがとうございました」「申し訳ございませんでした」)

## 笠原 先生 ひとことアドバイス

クレームの7割が接遇がらみといわれます。評価は相手からなされるものです。「こんにちは～!」とあいさつしても、相手に聞こえなかったらあいさつしたことになりません。

知ってておこう！ 前の頁のA(答)です！
# 基本の接遇マナー

**A1** 30度(敬礼)。
「1、2、3」で下げて、「1、2」のテンポで戻します。

**A2** 「○○をお願いできますでしょうか？」

**A3** 「かしこまりました」
15度(会釈)の角度でおじぎをします。

## 接遇の基本技術

**接遇の重要度は仕事の「80%」を占めるといわれています。**

- 美しい立ち姿(後ろに手を組まない)
- 適切な表情(笑顔を大切に)
- 名前を呼ばれたら「はい」と返事をする。
- 中座する場合は無言で一礼する。
- なれなれしすぎたり、ていねいすぎたりしない。
- 言葉づかいに気をつける。
- 依頼されたことは「復唱」する。など

I 心得知識 13

# 身だしなみチェック

A(答)は次の頁です!

## Q1

介護職はどうして身だしなみを整える必要があるの?

## Q2

配膳時に身につけるのはエプロンと手袋、○○○です。

## Q3

つめを短く切ったほうがいいのはどうして?

## 知っとく!

高齢者にも身だしなみやおしゃれは大切です。本人の気分を明るく変え、周囲の雰囲気づくりにも役だちます。メイクセラピーなども行なわれ、生活意欲を失っている場合には効果が期待できるといわれます。

## 笠原 先生 ひとことアドバイス

仕事の場では利用者が主役です。利用者があなたを見てどのように思うでしょうか? 身だしなみが大切な理由は感染予防と利用者や家族に不快感を与えないためです。

知ってこう!

前の頁のA(答)です!

# 身だしなみチェック

**A1** 安心・安全。感染症などを予防するためです。

**A2** マスク。耳を出して付ける、横から髪の毛が出ないように。

**A3** つめとつめの間に病原菌が入りやすく洗っても落ちにくいためです。

## チェックしてみましょう

□**髪:**清潔にしきちんと手入れ。
極端なカラーリングや脱色は不可。

□**化粧:**ナチュラルな印象に。

□**髭:**髭の剃り残し、
鼻毛が見えないように。

□**服:**汚れ、シミ・シワのないように。
名札は見えるところに。

□**手指:**清潔に、つめは長くしない。

□**靴:**安定感があって
歩きやすいものを。

介護の道しるべ ⇨ 報・連・相は忘れずに!

# 敬語の使い方

A(答)は次の頁です!

**Q1** 「食べる」の尊敬語は?

**Q2** 「明日は来ますか?」を敬語にすると?

**Q3** 個人的な持ち物や状態・動作をへりくだって使う言葉は○○語です。

## 声かけ例

敬語は相手を尊重し、配慮する気持ちを伝えやすい便利な言葉です。**「ご家族がいらっしゃいましたよ」「用意ができたら声をおかけします」「おやつをお召し上がりますか?」**など。

## 笠原 先生 ひとことアドバイス

尊敬語は相手を高めることによって成立する言葉です。謙譲語は自分を低めることによって成立する言葉です。

業務中は私語は慎もう!!⇦ 介護の道しるべ

知っておこう！

前の頁のA(答)です！

# 敬語の使い方

**A1** 「召し上がる」。謙譲語は「いただく」です。

**A2** 「明日はいらっしゃいますか？」

**A3** 謙譲語。「お」「ご」＋動詞＋「する」「いただく」
→〈例〉ご案内する

## よく使われる敬語

| | 尊敬語 | 謙譲語 |
|---|---|---|
| する | なさる<br>される | いたす<br>させていただく |
| 言う・話す | おっしゃる<br>お話くださる | 申す<br>申し上げる |
| 行く・来る | いらっしゃる<br>来られる | 参る<br>うかがう |
| 見る | ご覧になる<br>見られる | 拝見する |
| 会う | お会いになる | お会いする<br>お目にかかる |
| 食べる | 召し上がる | いただく |

◎丁寧語…「お」「ご」を付けて相手に敬意を表す。「お」は訓読みの和語に付け、「ご」は音読みの漢語に付ける。

# 知っておきたいこんなこと

## 親族図

法律上の親族とは、配偶者、6親等以内の血族及び3親等以内の姻族をすべて親族という。

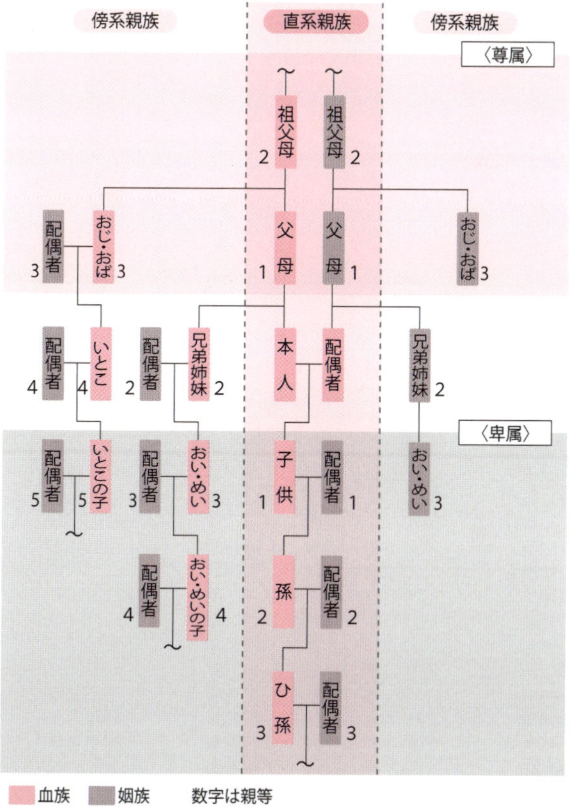

# 年齢早見表

2014年（平成26年）を基準にしており、以降は1年ごとにプラスしてください。

| 生年：西暦 | 生年：元号 | 年齢 |
|---|---|---|
| 1912年 | 大正1年 | 102歳 |
| 1913年 | 大正2年 | 101歳 |
| 1914年 | 大正3年 | 100歳 |
| 1915年 | 大正4年 | 99歳 |
| 1916年 | 大正5年 | 98歳 |
| 1917年 | 大正6年 | 97歳 |
| 1918年 | 大正7年 | 96歳 |
| 1919年 | 大正8年 | 95歳 |
| 1920年 | 大正9年 | 94歳 |
| 1921年 | 大正10年 | 93歳 |
| 1922年 | 大正11年 | 92歳 |
| 1923年 | 大正12年 | 91歳 |
| 1924年 | 大正13年 | 90歳 |
| 1925年 | 大正14年 | 89歳 |
| 1926年 | 大正15年/昭和元年 | 88歳 |
| 1927年 | 昭和2年 | 87歳 |
| 1928年 | 昭和3年 | 86歳 |
| 1929年 | 昭和4年 | 85歳 |
| 1930年 | 昭和5年 | 84歳 |
| 1931年 | 昭和6年 | 83歳 |
| 1932年 | 昭和7年 | 82歳 |
| 1933年 | 昭和8年 | 81歳 |
| 1934年 | 昭和9年 | 80歳 |
| 1935年 | 昭和10年 | 79歳 |
| 1936年 | 昭和11年 | 78歳 |
| 1937年 | 昭和12年 | 77歳 |
| 1938年 | 昭和13年 | 76歳 |
| 1939年 | 昭和14年 | 75歳 |
| 1940年 | 昭和15年 | 74歳 |
| 1941年 | 昭和16年 | 73歳 |
| 1942年 | 昭和17年 | 72歳 |
| 1943年 | 昭和18年 | 71歳 |
| 1944年 | 昭和19年 | 70歳 |
| 1945年 | 昭和20年 | 69歳 |
| 1946年 | 昭和21年 | 68歳 |
| 1947年 | 昭和22年 | 67歳 |
| 1948年 | 昭和23年 | 66歳 |
| 1949年 | 昭和24年 | 65歳 |
| 1950年 | 昭和25年 | 64歳 |
| 1951年 | 昭和26年 | 63歳 |
| 1952年 | 昭和27年 | 62歳 |
| 1953年 | 昭和28年 | 61歳 |
| 1954年 | 昭和29年 | 60歳 |
| 1955年 | 昭和30年 | 59歳 |
| 1956年 | 昭和31年 | 58歳 |
| 1957年 | 昭和32年 | 57歳 |
| 1958年 | 昭和33年 | 56歳 |
| 1959年 | 昭和34年 | 55歳 |
| 1960年 | 昭和35年 | 54歳 |
| 1961年 | 昭和36年 | 53歳 |
| 1962年 | 昭和37年 | 52歳 |
| 1963年 | 昭和38年 | 51歳 |
| 1964年 | 昭和39年 | 50歳 |
| 1965年 | 昭和40年 | 49歳 |
| 1966年 | 昭和41年 | 48歳 |
| 1967年 | 昭和42年 | 47歳 |
| 1968年 | 昭和43年 | 46歳 |
| 1969年 | 昭和44年 | 45歳 |
| 1970年 | 昭和45年 | 44歳 |
| 1971年 | 昭和46年 | 43歳 |
| 1972年 | 昭和47年 | 42歳 |
| 1973年 | 昭和48年 | 41歳 |
| 1974年 | 昭和49年 | 40歳 |
| 1975年 | 昭和50年 | 39歳 |
| 1976年 | 昭和51年 | 38歳 |
| 1977年 | 昭和52年 | 37歳 |
| 1978年 | 昭和53年 | 36歳 |
| 1979年 | 昭和54年 | 35歳 |
| 1980年 | 昭和55年 | 34歳 |
| 1981年 | 昭和56年 | 33歳 |
| 1982年 | 昭和57年 | 32歳 |
| 1983年 | 昭和58年 | 31歳 |

※誕生日前は上記の表から１歳引いた年齢となります

# Ⅱ

# クイズでマスター
# 介護の知識
# 健康
# Q&A

BMIとは何？

片麻痺の人は
健側で検温するのは？

意識レベル
評価って？

褥瘡の
OHスケールとは？

救急車を
呼ぶときは？

# 介護の知識「健康」

## 介護職員が大切なことはアセスメント

**介護職員のアセスメント力は利用者の尊厳を護《まも》り、自立を支援する「かなめ」です。**

### ◆介護職員のアセスメントの特徴

介護職員が日常生活場面で行なうアセスメントは、利用者と介護職員の相互作用の中で、継続して利用者の生活全体をとらえることを可能にするアセスメントです。

柔 軟 性：いつでもどこでも、臨機応変にアセスメントができる。
総 合 性：利用者の身体的・精神心理的・社会環境的側面から総合的理解が可能。
継 続 性：日々変化する利用者を、随時アセスメントできる。
精神的安定：リラックスした利用者からは、重要な情報が発信される場合が多い。
共感的理解：今、ここで、寄り添うことによって共感的理解が可能。

**笠原先生からのメッセージ**

高齢期の身体諸機能の低下は活動能力さらには生活意欲の低下につながり、廃用症候群や骨粗鬆症などの症状を誘発して寝た切りなどを招きます。身体諸機能の低下を防いで元気で楽しい日々を過ごしていただくためのサポートや工夫が大切です。

Ⅱ 健康知識 1

# 身体のアセスメント(バイタルサイン)

A(答)は次の頁です!

**Q1** バイタルサインとは、体温、血圧、呼吸数、もうちとつは何？

**Q2** 成人の平均呼吸数は毎分どのくらい？

**Q3** 片麻痺の人は健側で検温するのはどうして？

## 声かけ例

脈拍と血圧などの測定を始めることを伝えましょう。**「まず、脈を測ります。両手を見せてください」**。次の測定へ移るときに話しかけます。**「血圧を測ります。まず右手から測りますが、手の力を抜いてください」**。

## ナース ひとことアドバイス

年齢幅もあり個人差も大きい高齢者は、個々のようすをその都度把握する必要があります。注意深く変化を読み取るようにしましょう。

知ってておこう！

前の頁のA（答）です！

# 身体のアセスメント（バイタルサイン）

**A1** 脈拍。脈の強さや規則性を観察します。

**A2** 12～15回/分。年齢や精神状態などによっても変化します。

**A3** 患側は血液循環が悪いので正確に測定することができません。体温・血圧・脈拍などは健側で行ないます。

## バイタルサイン

＊は高齢者の場合

| バイタルサイン | 基準となる数値 |
|---|---|
| 平均脈拍数 | 50～70回/分＊ |
| 平均呼吸数 | 12～15回/分 |
| 平均体温 | 36℃～37℃ |
| 平均血圧 | 収縮期110～130mmHg/拡張期60～90mmHg |

## 血圧の正常値

| 収縮期血圧（上の血圧、血圧上） | 拡張期血圧（下の血圧、血圧下） |
|---|---|
| <130mmHg | <85mmHg |

## 体温の目安

| | | | |
|---|---|---|---|
| 平均体温 | 36℃～37℃ | 微熱 | 37℃以上38℃未満 |
| 高体温 | 37℃以上 | 中等熱 | 38℃以上39℃未満 |
| 低体温 | 35℃未満 | 高熱 | 39℃以上 |

mmHgは圧力の単位で、Hgは水銀。血圧140mmHgは水銀柱を140mm（14cm）押し上げる圧力がある。

# 身体のアセスメント(観察)

A(答)は次の頁です!

**Q1** 高齢者に高血圧の人が多いのはなぜ?

**Q2** 高齢者特有の加齢による感覚障害とは?

**Q3** 慢性閉塞性肺疾患(COPD)はどんな病気?

## 知っとく!

生活の観察ポイントは、□室温や気温の変化をチェックしたか□衣類の適切な選択はなされているか□体重の急激な低下は見られないか□食事量の変化はないか□歩行にふらつきがないか□体の部分的浮腫はないか□物忘れがひどくなっていないか　など。

## 笠原 先生 ひとことアドバイス

高齢者にとって、体のさまざまな機能が衰えていくことはしぜんなことです。高齢者のふだんのようすをしっかりアセスメントし理解しておくことです。ふだんの状態像を知っておくことが小さな変化への気づきにつながります。

知ってこう!

前の頁のA(答)です!

# 身体のアセスメント(観察)

**A1** 加齢と共に動脈が硬くなり、末梢血管の抵抗が増大することが原因のひとつといわれます。

**A2** 視覚障害・聴覚障害・味覚障害・嗅覚障害　など。

**A3** 主に喫煙が原因で肺気腫・慢性気管支炎の症状があり、呼吸困難になる病気です。

## ■老化度を判定する５つ指標

- 筋年齢…衰えないように日常生活活動の中でリハビリを取り入れる。
- 骨年齢…骨折すると寝た切りになってしまうので要注意。骨密度と関係が深い。
- 血管年齢…動脈硬化が進行すると脳卒中や心筋梗塞などの生命にかかわる病気になる。
- 神経年齢…前向きな気持ちで頭をよく使うと老化を防ぐ。
- ホルモン年齢…甲状腺ホルモンや成長ホルモンなどが減少する。

# 身体のアセスメント(BMI)

→A(答)は次の頁です!

**Q1** BMI(Body Mass Index)とは何?

**Q2** BMIを求めるのに必要なのは、体重ともうひとつは何?

**Q3** BMIが25以上なら肥満。では、18.5未満なら?

## 知っとく!

低体重で起きやすい症状は、認知機能低下、骨量減少、骨折の危険増、免疫力低下、筋力低下、体力低下など。肥満で起きやすい症状は、高血圧・高血糖になりやすく、血液中のコレステロールや脂肪が多くなりやすいなど。生活習慣病にかかりやすくなります。

## ドクター ひとことアドバイス

低体重の高齢者では、たんぱく質などの栄養不足が心配です。低栄養状態を予防するためには食事をしっかり摂ることが大切です。食事の内容や形態などに工夫をして安全に摂食できるよう心がけましょう。

知っておこう!

前の頁のA(答)です!

# 身体のアセスメント(BMI)

**A1** WHOで定めた肥満判定の国際基準。日本でも健康診断で使います。

**A2** 身長。BMI=体重kg÷(身長m×身長m)で求めます。

**A3** 低体重(やせ)。高齢者がBMI18.5未満の場合は、低栄養のリスクに注意が必要です。

## BMI(肥満度の判定基準)

| | |
|---|---|
| 18.5未満 | 低体重(やせ) |
| 18.5以上　25未満 | 普通体重 |
| 25以上　30未満 | 肥満(1度) |
| 30以上　35未満 | 肥満(2度) |
| 35以上　40未満 | 肥満(3度) |
| 40以上 | 肥満(4度) |

●過栄養…肥満によるメタボリックシンドロームは特に中年からよく見られます。メタボ度を知る方法のひとつに、腹囲(ふくい:おなか周りのこと)の測定があります。

●低栄養…高齢者では摂食機能が衰えやすく低栄養による「やせ」に注意が必要です。

介護の道しるべ⇨報・連・相は忘れずに!

# リハビリテーション

A(答)は次の頁です!

**Q1** ハビリを行なう居宅介護サービスはどのようなものがある?

**Q2** 作業療法とはどんなリハビリ?

**Q3** 回復期には歩行訓練や失語症リハを行なう?

## 知っとく!

リハビリの主な療法には、作業療法:OT(Occupational Therapy)、理学療法:PT(Physical Therapy)、言語聴覚療法:ST(Speech Therapy)などがあります。

## 笠原 先生 ひとことアドバイス

身だしなみなどの日常生活は、リハビリの訓練としてよい機会となります。「自分で髪の毛をブラシでとかしたい」と望んでいる高齢者は、ブラシの柄にラップの芯を付ければ、自分で髪をとかすことができます。毎日繰り返していると腕が上がるようになります。

知って おこう!

前の頁のA(答)です!

# リハビリテーション

**A1** 訪問リハビリと通所リハビリ、短期入所。

**A2** 日常的な活動を行なうための機能の回復・改善・維持を促すリハビリです。

**A3** 正解。ADLの向上を目ざします。

## リハビリテーションの種類

### 予防的リハビリ

寝た切りや要介護状態を予防するリハビリ。

### 急性期リハビリ

発症してからできる限り早い段階で行なわれるリハビリ。
廃用性症候群を予防することが重要となる。
体位変換や良肢位保持や関節可動域訓練などを行なう。

### 回復期リハビリ

治療を受け症状がある程度安定してきた時期に行なうリハビリ。最長6か月まで集中的に十分なリハビリを行なう。ADLの向上が重要で、この時期に後遺症や障害の程度がはっきりする。歩行訓練や作業療法、失語症リハビリを行なう。

### 維持期リハビリ

回復期リハビリが終了後、機能が衰えないよう維持するためのリハビリ。生活することがそれ自体リハビリになる。

# 基礎代謝量

A(答)は
次の頁です!

**Q1** 基礎代謝(BM)とは何?

**Q2** 基礎代謝量は基礎代謝基準値と
何から求める?

**Q3** 基礎代謝低下の原因は、
どんなものがあるの?

## 知っとく!

計算式で基礎代謝量を求めても、身長の高い人や低い人の場合は正しい値が出ないことがあります。誤差があるということを心に留めておきましょう。

## ドクター ひとことアドバイス

身体活動が活発な高齢者では加齢による基礎代謝量の変化が小さいという報告もあります。個人差を考え、ひとりひとりの生活習慣や運動習慣について、しっかり聞き取ることが大切です。

知ってておこう！

前の頁のA（答）です！

# 基礎代謝量

**A1** 生命を維持するために必要とする最小限のエネルギー量のこと。

**A2** 体重。基礎代謝量＝基礎代謝基準値×体重（厚生労働省の簡易計算）。

**A3** 筋肉の衰え。筋肉量が減れば基礎代謝は減ります。

## 高齢者の基礎代謝基準値

体のエネルギー消費は、基礎代謝量60～70％、運動による消費15～30％、食物による産熱（食べ物を消化吸収10％、その他10％で、基礎代謝量が圧倒的に多い。

（kcal/kg）

| 男　性 | 基礎代謝基準値（kcal/kg体重/日） | 基準体重（kg） | 基礎代謝量（kcal/日） |
|---|---|---|---|
| 50～69歳 | 21.5 | 65.0 | 1,400 |
| 70歳以上 | 21.5 | 59.0 | 1,280 |

| 女　性 | 基礎代謝基準値（kcal/kg体重/日） | 基準体重（kg） | 基礎代謝量（kcal/日） |
|---|---|---|---|
| 50～69歳 | 20.7 | 53.6 | 1,110 |
| 70歳以上 | 20.7 | 49.0 | 1,010 |

（厚生労働省「日本人の食事摂取基準」（2010年版）より）

II 健康知識 6

# 総推定エネルギー量

A(答)は次の頁です!

**Q1** 推定エネルギー必要量とは何?

**Q2** 推定エネルギー必要量は、基礎代謝量と何から求める?

**Q3** 推定エネルギー必要量だけを満たしていればいい?

## 知っとく!

高齢者は必要なエネルギーが十分にとれないと、身体機能や生活の質の低下につながる恐れがあります。相対的にエネルギー必要量は少ないので、栄養素が不足しないように気をつけます。

## ドクター ひとことアドバイス

高齢者の多くは慢性疾患を持ち、摂食嚥下能力や消化吸収力が低下してきます。ひとりひとりの状況に配慮することが大切です。

知ってこう！

前の頁のA（答）です！

# 総推定エネルギー量

A1 1日に必要な栄養量を満たすエネルギーのことです。

A2 身体活動レベル。推定エネルギー必要量＝基礎代謝量×身体活動レベル（指数）で求めます。

A3 間違い。エネルギー必要量以外にも、栄養素をバランスよく摂取することが必要です。

## 身体活動レベルとレベル指数

身体活動レベルの定義：活動的な生活をしているか、基礎代謝量を見本にして計算する。

| | |
|---|---|
| Ⅰ（低い） | 1.5→生活の大部分が座位で、静的な活動が中心の場合 |
| Ⅱ（ふつう） | 1.75→座位中心の仕事だが、立位での作業や通勤、買い物・家事、軽い運動習慣がある場合 |
| Ⅲ（高い） | 2.0→移動や立位の多い仕事への従事者あるいは、活発な運動習慣を持っている場合 |

## 推定エネルギー必要量

（kcal/日）

| 性別 | 男性 | | | 女性 | | |
|---|---|---|---|---|---|---|
| 身体活動レベル | Ⅰ | Ⅱ | Ⅲ | Ⅰ | Ⅱ | Ⅲ |
| 50～69歳 | 2,100 | 2,450 | 2,800 | 1,650 | 1,900 | 2,200 |
| 70歳以上 | 1,850 | 2,200 | 2,500 | 1,500 | 1,750 | 2,000 |

（厚生労働省「日本人の食事摂取基準」（2010年版）より）

# 麻痺の分類

A(答)は次の頁です!

**Q1** 両下肢または両上肢に麻痺があるのは何麻痺という?

**Q2** 左片麻痺は脳のどちら側に障害がある?

**Q3** 歩行介助では転倒の可能性が高い麻痺のあるほうに立つ?

## 知っとく!

「足こぎ車イス」(介護保険福祉用具)は足でこいで自由に動き回れる車イスです。歩行困難な人や脳卒中の後遺症で半身麻痺になった人のために開発され、リハビリ用として利用者が増えています。

## ドクター ひとことアドバイス

麻痺は神経の機能を戻すために時間がかかります。リハビリは月単位や年単位で変わっていくこともあり、障害の程度によっては後遺症が残ることがあります。根気よく取り組むようにしましょう。

知ってお こう!

前の頁のA(答)です!

# 麻痺の分類

**A1** 対麻痺。急性脊髄炎や脊髄の血管障害で起きやすい麻痺です。

**A2** 右側。脳と四肢をつなぐ神経回路は延髄で交差する。

**A3** 正解。杖を使用する場合、介護者は斜め後ろに立ちます。

## 発生部位による分類

❶片麻痺……**体の同側の上下肢に麻痺がある。**

脳卒中(脳梗塞、脳出血、くも膜下出血)、一過性脳虚血発作、多発性硬化症、脳腫瘍、慢性硬膜下血腫、脊髄空洞症など

❷対麻痺……**両下肢または両上肢に麻痺がある。**

急性脊髄炎、脊髄の血管障害、脊髄の腫瘍、ギラン・バレー症候群、筋萎縮性側索硬化症など

❸四肢麻痺……**両側上下肢に麻痺がある。**

周期性四肢麻痺、筋ジストロフィー、重症筋無力症、多発性筋炎など

❹単麻痺……**上下肢のうち一肢だけに麻痺がある。**

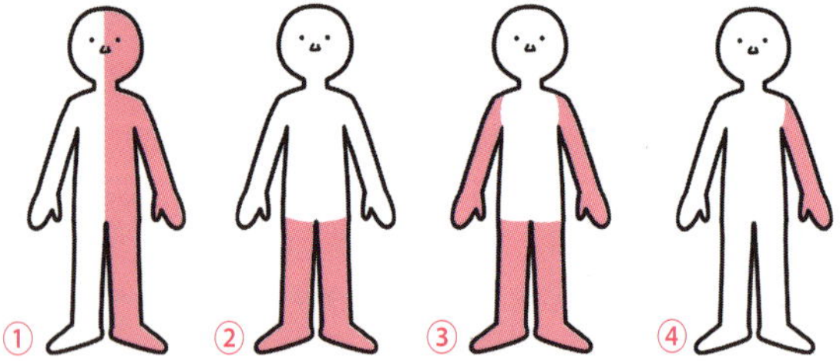

Ⅱ 健康知識 8

# 褥瘡の評価法OHスケール

A(答)は次の頁です!

**Q1** 褥瘡は○○○とも呼ばれます。

**Q2** OHスケールは日本人のデータに基づく評価法？

**Q3** 点数が低い人ほど褥瘡になりやすい？

## 知っとく!

OHスケール判定は褥瘡になりやすい人となりにくい人を点数で区別し、点数によってレベル分け(スコア)します。科学的な手法であり、判定が簡単でわかりやすいため導入されています。

## ドクター ひとことアドバイス

褥瘡の治療のための評価にはDESIGN-R®スケールも用いられます。1)Depth(深さ)、2)Exudate(滲出液)、3)Size(大きさ)、4)Inflammation/Infection(炎症/感染)、5)Granulation(肉芽組織)、6)Necrotic tissue(壊死組織)、7)Pocket(ポケット)。

知ってておこう！

前の頁のA（答）です！

# 褥瘡の評価法OHスケール

**A1** 床ずれ。毎日、注意深く皮膚を観察することが大切です。

**A2** 正解。褥瘡のリスクを持っているかを明確にするものさしです。

**A3** 間違い。高い人ほど褥瘡になりやすくなります。

## 褥瘡危険要因点数表

| | | | | |
|---|---|---|---|---|
| ① | 自力体位変換能力<br>意識状態の低下<br>麻酔・安静度・麻痺 | できる<br>0点 | どちらでもない<br>1.5点 | できない<br>3点 |
| ② | 病的骨突出（仙骨部） | なし<br>0点 | 軽度・中程度<br>1.5点 | 高度<br>3点 |
| ③ | 浮腫（むくみ） | なし<br>0点 | あり<br>3点 | |
| ④ | 関節拘縮 | なし<br>0点 | あり<br>1点 | |

## 判定表

| 合計点数 | 危険要因ランク | | |
|---|---|---|---|
| 0点 | ⇨ | 偶発性褥瘡 | 危険要因無し |
| 1〜3点 | ⇨ | 起因性褥瘡 | 軽度レベル |
| 4〜6点 | ⇨ | | 中等度レベル |
| 7〜10点 | ⇨ | | 高度レベル |

参考：厚生労働省長寿学総合研究所研究班調査より

# 褥瘡の予防とケア

A(答)は次の頁です!

**Q1** 仰向けに寝ている場合に褥瘡はどこにできやすい?

**Q2** 体圧分散ケアをするのはどうして?

**Q3** 褥瘡には円座を使用したほうがよい?

## 知っとく!

体の向きを変えた後パジャマやシーツのしわを伸ばします。体の下にできたパジャマやシーツのしわを伸ばさず、寝たままで引っ張ると摩擦・ズレの原因になります。

## ドクター ひとことアドバイス

褥瘡の予防には、毎日皮膚の状態を観察することです。できやすいのは骨が突出していてベッドマットや布団、イスなどで圧迫されやすいところです。オムツ交換や着替え、入浴時にできやすい部分を必ず観察しましょう。寝た切りで寝返りができる人には2時間ごとに体位変換を行ないましょう。

知っておこう！

前の頁のA（答）です！

# 褥瘡の予防とケア

**A1** おしりの中央にある骨の飛び出した部分（仙骨部）

**A2** 体の組織が傷んでしまう前に体位を変えて血の流れをよくするためです。

**A3** 間違い。円座で皮膚が引っ張られて接触部の血行が悪くなります。

## 予防とケア

| 原　因 | | |
|---|---|---|
| ①寝た切り（長期臥床）<br>②やせや骨の突出<br>③関節拘縮 | 圧迫に対するケア → | 骨突出部にかかる体圧を分散しましょう |
| ④低栄養<br>⑤皮膚乾燥<br>⑥循環障害（浮腫） | 皮膚に対するケア → | スキンケア、栄養状態を整えましょう |

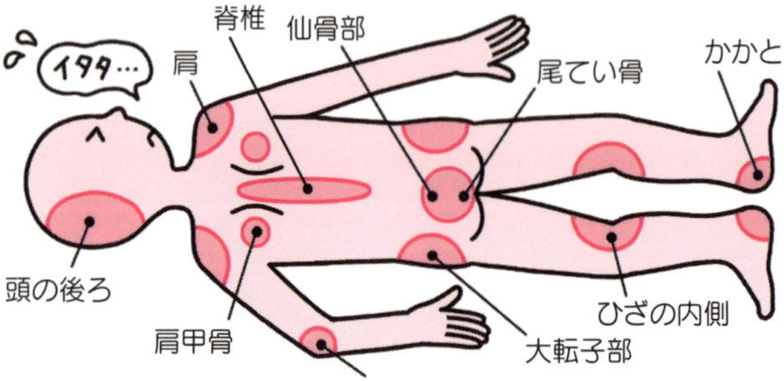

# 意識レベル評価表

A(答)は次の頁です!

**Q1** 意識障害の程度を表す方法のジャパン・コーマ・スケールともうひとつは?

**Q2** ジャパン・コーマ・スケールは○○○度方式とも呼ばれます。

**Q3** ジャパン・コーマ・スケールでは、点数が大きいほうが意識レベルは高い?

## 知っとく!

### ■意識障害を起こす疾患

❶脳卒中(脳出血・脳梗塞・クモ膜下出血)など
❷代謝性障害(糖尿病性昏睡)など
❸循環障害(低血圧や心臓停止のほか、大脳への酸素供給が減少する低血糖、脳卒中、てんかん、尿毒症、感染症))など
❹外因性中毒(薬物中毒など)など
❺理学的障害(日射病など)など
❻その他(ショック・ヒステリー)など

知っておこう！

前の頁のA(答)です！

# 意識レベル評価表

**A1** グラスゴー・コーマ・スケール(GCS)。

**A2** 3-3-9度方式。それぞれ3 段階あることからです。

**A3** 間違い。
点数が大きいほど重い意識障害と判断します。

## ジャパン・コーマ・スケール(JCS：Japan Coma Scale)

| | 点数 | |
|---|---|---|
| Grade Ⅰ<br>刺激しないでも覚醒している | 1 | 一見、意識清明のようであるが、今ひとつどこかぼんやりしていて、意識清明とはいえない。 |
| | 2 | 見当識障害(時・場所・人)がある。 |
| | 3 | 名前・生年月日が言えない。 |
| Grade Ⅱ<br>刺激で覚醒する | 10 | 普通の呼びかけで容易に開眼する。 |
| | 20 | 大声または体をゆさぶることで開眼する。 |
| | 30 | 痛み刺激を加えつつ、呼びかけを繰り返すと、かろうじて開眼する。 |
| Grade Ⅲ<br>刺激しても覚醒しない | 100 | 痛み刺激を払いのけるような動作をする。 |
| | 200 | 痛み刺激で少し手足を動かしたり顔をしかめる。 |
| | 300 | 痛み刺激に反応しない。 |

意識レベルを３つのグレードに分け、それぞれを３つの段階に分類（カルテには100-Ⅰ、20-RⅠなどと記載）
（R）Restlessness（不穏状態）
（Ⅰ）Icotinence(失禁)
（A）Akinetic mutism（無動性無言）、Apallic Statre(失外套症候群)

# 臨床検査

A(答)は次の頁です!

**Q1** 臨床検査技師はまだ国家資格にはなっていない?

**Q2** 高脂血症に関係の深い検査値は?

**Q3** 栄養状態に関係の深い検査値は?

## 知っとく!

体の状態知るために行なわれる臨床検査は、結果を通して病気の原因を追求します。さらに治療の方針を決め、治療経過の確認や重症度の判定、回復の度合いなどに利用されます。

## ドクター ひとことアドバイス

高齢者検査の場合は慢性疾患が多く、複数の合併症を持つとともに、ADLが検査値に影響を与えることです。健常者から寝た切りまで個体差が大きいのが特徴なので見極め大切になります。

知ってておこう!

前の頁のA(答)です!

# 臨床検査

**A1** 間違い。国家資格。
厚生労働省令で定める生理学的検査を行ないます。

**A2** 総コレステロール、中性脂肪、LDL-コレステロール、HDLコレステロールなど。

**A3** 総たんぱく。アルブミン、ヘモグロビン値など。

## 高齢者に必要な検査

| 組織・臓器 | 必要な検査 |
|---|---|
| 循環器系 | 血圧、眼底検査、心電図、超音波、HDL-C、LDL-C、TG、電解質、尿一般 |
| 呼吸器系 | 胸部 X-P、肺機能、血液ガス |
| 血液免疫系 | 血液一般、Hb、Ht、末梢血液像ｖ骨髄穿刺 |
| 消化器系 | TP、ALB、ALT、ChE、c−GT、腹部超音波胃・腸Ba-XP、便潜血、腫瘍マーカー |
| 腎泌尿器系 | 検 尿、CRE、BUN、UA、電解質、PSP、腎盂、膀胱撮影、クレアチニンクリアランス、PSA |
| 内分泌・代謝系 | 尿一般、血糖検査、眼底、基礎代謝脂質検査、UA、T3、T4、TSH、他ホルモン |
| 運動器系 | 腰椎、関節 X-P、血沈、CRP、リュウマチ因子 |
| 精神神経系 | 頸椎CT、脳波、知能検査、視力 |

## 臨床検査項目

| 検査項目 | | | 基準範囲または正常値（参考値） | 備考 |
|---|---|---|---|---|
| 表示 | | 項目名 | 数値 | |
| 肥満度 | | 身長と体重から計算 | 身長（m）×身長（m）×22＝適性体重 | 身長と体重でオーバーウェイトを判定。 |
| 血圧 | | | 収縮時血圧130（mmHg）未満<br>拡張期血圧85（mmHg）未満 | 脳卒中や心筋梗塞などの原因となる高血圧や低血圧などを判定。 |
| 血清脂質検査 | LDL-C | LDL-コレステロール | 140（mg/dL）未満（ただし120～139は境界域として治療対象） | 数値が高いと動脈硬化の原因となり、心筋梗塞や脳梗塞などの病気を誘発してしまう。 |
| 血清脂質検査 | HDL-C | HDL-コレステロール | 40以上（mg/dL） | 数値が低いと心筋梗塞や脳梗塞などの病気を誘発してしまう。 |
| 血清脂質検査 | 中性脂肪 | トリグリセライド、TG | 150未満（mg/dL） | 体内の脂肪の主な成分でエネルギーとして利用され、余った分は皮下脂肪や内臓脂肪として蓄えられる。 |
| 貧血など | 赤血球数 | RBC | 男4.0～5.5 女3.5～5.0（106/μL） | 血液中の赤血球数を調べ、数値が低いと貧血が疑われる。 |
| 貧血など | ヘモグロビン | 血色素測定 | 男14.0～18.0 女12.0～16.0（g/dL） | 赤血球の主成分で、主に血液中の酸素を腸から組織へ運搬する役割を果している。 |
| 貧血など | ヘマトクリット | Ht | 男40.0～50.0 女35.0～（%） | 血液中の赤血球の容積の割合（%）を表し、低い場合は貧血の疑いがある。 |
| 貧血など | 白血球数 | WBC | 3.5～9.0（103/μL） | 数値が高いと感染症や白血病、がんなどが疑われる。 |
| 腎機能 尿検査 | 尿たんぱく | | （－） | 尿中に排せつされるたんぱくを調べ、腎臓病などの判定に用いる。 |
| 腎機能 尿検査 | 尿潜血 | | （－） | 陽性の場合は腎臓病や尿路系の炎症が疑われる。 |
| 腎機能 血液 | クレアチニン | Cr | 男0.5～1.0 女0.4～0.8（mg/dL） | 数値が高い場合は腎機能障害や腎不全が疑われる。 |
| 痛風検査 | 尿酸 | UA | 男3.5～7.0 女2.5～6.0（mg/dL） | 濃度が高くなると一部が結晶化し、それが関節にたまると痛風になる。 |

参考：日本臨床検査医学会「臨床検査のガイドライン」（2012年版）より

| 検査項目 | | | | 基準範囲または正常値（参考値） | 備考 |
|---|---|---|---|---|---|
| 表示 | | | 項目名 | 数値 | |
| 肝機能検査 | ZTT | | 硫酸亜鉛試験 | 4～12（KU） | 肝炎や脂肪肝、肝臓がんなどで増加し、主に肝臓病を発見する手がかりとなる。を判定。 |
| 肝機能検査 | 尿検査 | GOT | ASTともいうトランスアミナーゼ | 10～35（U/L） | |
| 肝機能検査 | 尿検査 | GPT | ALTともいうトランスアミナーゼ | 5～30（U/L） | |
| 肝機能検査 | | γ－GTP | γ-グルタミール・トランスペプチターゼ | 男10～50 女10～30（U/L） | アルコールに敏感に反応し、アルコール性肝障害を調べる指標となっている。 |
| 肝機能検査 | | ALP | アルカリフォスファターゼ | 100～350（U/L） | 肝臓、骨、腸、腎臓など多くの臓器に含まれている酵素で、主に胆道の病気を調べる指標となる。 |
| 肝機能検査 | 総たんぱく | | TP | 6.5～8.0（g/dL） | 低い場合は栄養不良や重症肝障害などが疑われる。 |
| 肝機能検査 | 総ビリルビン | | T.Bill | 0.2～1.2（mg/dL） | 黄疸になると体が黄色くなるのはビリルビン色素が増加するため。 |
| 糖尿病 | 尿糖 | | Ht | （－） | 陽性の場合は糖尿病や膵炎、甲状腺の機能障害などの疑いがある。 |
| 糖尿病 | 空腹時血糖値 | | FBS または FBG | 80～110未満（mg/dL） | 糖尿病の疑いがある場合はブドウ糖付加試験を行う。 |
| 糖尿病 | HbA1c | | グリコヘモグロビンA1c | 5.6未満（JDS） 6.0未満（NGSP）（%） | 糖尿病の確定診断の指標に用いられたり、治療効果の指標となる。 |
| 便潜血反応 | | | 免疫学的ヒトヘモグロビン検出法 | （－） | 陽性の場合は大腸のがんやポリープが疑われる。 |

参考：日本臨床検査医学会「臨床検査のガイドライン」（2012年版）より

Ⅱ 健康知識 12

# 医療行為

A(答)は次の頁です!

**Q1** つめ切りは医療行為になる?

**Q2** 一定の条件のもとで○○○○の一部やたんの吸入が行なえる?

**Q3** 医薬品の使用は必ずしも医師の処方によらなくてもよい?

## 知っとく!

介護福祉士や介護職員等がたんの吸引等を行なうためには、介護福祉士はその養成課程において、介護職員等は一定の研修(「喀痰吸引等研修」)を受けます。たんの吸引等に関する知識や技能を修得し、実地研修を修了後、初めてできるようになります。

## ナース ひとことアドバイス

介護職のほとんどが何らかの医療行為に携わっているのが現状です。利用者や家族の中には医療行為という認識がないまま現場で依頼する場合も少なくないので注意しましょう。

知っておこう!

前の頁のA(答)です!

# 医療行為

**A1** ならない。つめ切りは介護行為として行なえます。

**A2** 経管栄養。平成24年4月から喀痰吸引等研修を修了した者は都道府県から認定証が交付されます。

**A3** 処方が必要。医師の処方や薬剤師の服薬指導、看護職員の保健指導を遵守します。

## 医療行為ではない介護行為

□体温測定
□自動血圧測定での血圧測定
□パルスオキシメーターの装着
□軽い切り傷・擦り傷・やけどへの処置
□医薬品の使用の介助
軟膏の塗布(褥瘡の処置は除く)・皮膚への湿布の貼付・点眼薬の点眼・一包化された内服薬の内服(舌下錠を含む)・肛門への坐薬の挿入・鼻粘膜への薬剤噴霧
□正常なつめ切り・やすりがけ
□口腔清掃(重度の歯周病にかかっていない場合)
□耳垢の除去(耳垢塞栓を除く)
□ストマ装具のパウチにたまった排泄物の処置
□自己導尿を補助するためのカテーテルの準備・体位保持
□市販の使い捨て浣腸器での浣腸

(2005年7月厚生労働省通知)

# 急変時チェック

A(答)は次の頁です!

**Q1** 予防のための毎日の生体情報は何?

**Q2** 急変時の回復体位は気道の確保と何が大事?

**Q3** 看護職がいない場合には救急車に同乗できる?

## 知っとく!

心臓が止まってしまうような重篤な状態のときには、救命手当てはもちろん、救急車をすぐに呼ぶことや、救命救急士による除細動(電気ショック)、救命救急センター等による高度な医療がスムーズな連係プレーで行なわれることが救命のためには必要です。

## ナース ひとことアドバイス

急変を予防するためには、日常の体調(バイタルサインの測定)や疾病の特徴を知っておくことが大切です。また、高齢者は個人差が大きく年齢だけでは判断できないことを頭に入れておきましょう。

知って おこう!

前の頁のA(答)です!

# 急変時チェック

**A1** バイタルサイン。
脈拍、体温、血圧、呼吸の4つが基本です。

**A2** 嘔吐による窒息の防止。ふだんどおりの呼吸をしているかどうかを確認してから実行します。

**A3** できる。医師の指示があれば救命手当てもできます。

## 救急要請するタイミング

- □意識がない(意識状態がおかしい)。
- □呼吸停止、心拍停止状態。
- □呼吸が困難である。
- □頭を打った。
- □手や足などが麻痺している。
- □痙攣(けいれん)が続いている。
- □大量の吐血や下血がある。
- □出血がひどい。
- □激しい腹痛がする。
- □胸痛がある。
- □骨折をした。
- □大やけどをした。
- □嘔吐(おうと)や吐き気、激しい頭痛がする。

# 心肺蘇生法（AED）

A（答）は次の頁です！

**Q1** AEDはどんなときに使うの？

**Q2** 心臓停止後3分で、その後の手当てで助かる率は約○%まで下がる？

**Q3** AEDを使ってかえって悪化させてしまう心配は？

## 知っとく！

1. 意識の有無の観察と確認

応援を呼ぶ　「だいじょうぶですか？」「AEDを持ってきてください」

2. 気道の確保

3. 呼吸の有無の観察と確認

4. 人工呼吸（口対口）2回

「省いても可」

5. 変化の観察と確認

「脈がないとき」

6. 心臓マッサージ30回

「1分間に100回のリズム」

知って
おこう
!

前の頁のA(答)です!

# 心肺蘇生法（AED）

**A1** 心臓が止まったとき。心停止かどうかわからないときでも意識がなく、呼吸もしていなければ使います。

**A2** 50%。一刻も早くAEDを使用しましょう。

**A3** 使って助かることはあっても状態を悪化させることはありません。

## カーラーの救命曲線

**呼吸や心臓の停止、大量の出血などの緊急事態に置かれた場合の経過時間と死亡率の関係を示したものです。**

（1981年にフランスのM・カーラー教授が報告）

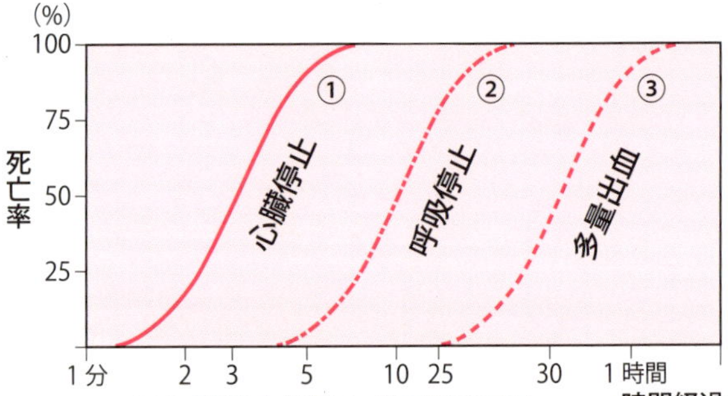


①心臓停止後約３分で50%死亡
②呼吸停止後約10分で50%死亡
③多量出血後約30分で50%死亡

# 119番通報と救急車

A(答)は次の頁です!

**Q1** 救急車を呼ぶときは、火事と救助と何ですか?

**Q2** 希望すればサイレンを鳴らさないで来てもらえる?

**Q3** 119番は問い合わせにも答えてもらえる?

## 知っとく!

救急車が着いたら次の手順で行ないます。❶案内人を出して誘導⇨❷様態の変化や応急手当てのようすを伝える⇨❸持病やかかりつけ医名、必要なことがなどを伝える⇨❹どこに運ばれるか聞く⇨❺救急車にだれかが同乗する。

## ナース ひとことアドバイス

局番なし119番に電話し、「落ち着いて、ゆっくり、はっきり」と係員の質問に答えましょう。症状や氏名や年齢、病歴などわかっていることを伝えます。

知っておこう!

前の頁のA(答)です!

# 119番通報と救急車

**A1** 救急。ようすがどうかを的確に伝えましょう。

**A2** もらえない。サイレンは「道路運送車両法」で鳴らすことが義務づけられています。

**A3** 緊急回線のため答えてもらえない。緊急時以外は使わないようにしましょう。

## ■救急車は慌こんなとき

**通報は慌てず早く正確に!**

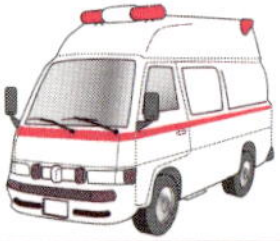

| 問いかけ | 通報内容 |
| --- | --- |
| 消防署、火事ですか、救急ですか。 | 救急です。 |
| 何区(市)、何町、何丁目、何番、何号ですか。 | ○○区○○町1丁目○番○○号の△△△の前です。 |
| どうしましたか。 | 転倒して意識がありません。(できるだけ内容を具体的に) |
| あなたのお名前と連絡先を教えてください。 | ○○です。電話番号は、○○○○−□□□□です。 |
| はい、わかりました。 | |

# 知っておきたいこんなこと

## 雑節と二十四節気

※年により日が変わります。

### 1月

5日　小　寒
17日　冬土用（入り）
20日　大　寒

### 2月

3日　節　分
4日　立　春
21日　雨　水

### 3月

6日　啓　蟄
18日　春彼岸（入り）
21日　春　分

### 4月

5日　清　明
17日　春土用（入り）
20日　穀　雨

### 5月

2日　立夏
5日　八十八夜
21日　小満

### 6月

6日　芒　種
11日　入　梅
21日　夏　至

### 7月

2日　半夏生
7日　小　暑
20日　夏土用（入り）
23日　大　暑

### 8月

7日　立　秋
（13～15日　お盆・盂蘭盆）
23日　処　暑

### 9月

1日　二百十日
8日　白　露
20日　秋彼岸（入り）
23日　秋　分

### 10月

8日　寒露
20日　秋土用（入り）
23日　霜降

### 11月

7日　立冬
22日　小雪

### 12月

7日　大雪
22日　冬至

# 助数詞一覧

| 単位 | 概念 | 例 |
|---|---|---|
| 本(ほん) | 細くて長い物 | 鉛筆・紐・缶・足・道路・映画 |
| 棹(竿)<br>(ひとさお) | 家具・楽器 | たんす・旗・羊羹《ようかん》・三味線 |
| 台(だい) | 機械・乗り物・<br>家具・楽器 | テレビ・冷蔵庫・ベッド・机・アイロン |
| 脚(きゃく) | イス | イス・ベンチ・机 |
| 柱(はしら) | 神仏 | 遺骨・位牌・神体・仏像 |
| 膳(ぜん) | 食 | はし・飯・膳に乗せた物 |
| 匹(ひき) | 小さい生き物 | 犬・猫・蛙・昆虫・魚 |
| 頭(とう) | 大きい動物 | 馬・牛・イルカ |
| 羽(わ) | 鳥 | 鶏・カラス・ウサギ |
| 尾(び) | 魚 | サバ・サンマ・マグロ |
| 体(たい) | 生身でない体 | 遺体・御札・お守り・仏像・人形 |
| 杯(はい) | 器に入れる物 | ご飯・イカ・ビール・水 |
| 玉(たま) | 丸い食べ物 | キャベツ・タマネギ・ゆで麺 |
| 軒(けん) | 小さい建物 | 家・店舗 |
| 棟(とう) | 大きい建物 | 団地・ビル・校舎・倉庫 |
| 通(つう) | 郵便物 | はがき・手紙・メール・証文 |
| 片(ひら・へん) | 薄い物 | 鱗・葉・花弁《ひら》 |
| 件(けん) | 事柄 | 用件・事故・事件 |
| 面(めん) | 平らな場所 | 碁盤・硯・田畑・テニスコート |
| 粒(つぶ) | 小さい物 | 雨・飴・梅干・ぶどう・宝石・汗 |

# Ⅲ

# 介護おたすけ
# データマスター
# 生活
# Q&A

適切な薬の服用のタイミングは？

高齢者の転倒が多いのは？

アセスメントとは？

1日の摂取カロリーの目安は？

ADL評価とは？

# 介護の知識「生活」

## 多様化するライフスタイルや価値観に対応

**利用者の最も身近にいる介護職のアセスメント力が大切です。**

①個々のペースを尊重する。
②日常生活の自立を目ざす。
③安全、安楽を守る。
④家族に対する支援を行なう。

### 自立度に応じた高齢期

自立した生活ができる→生活支援サービスなどを利用しながら自立した生活ができる→一部介助を受けながら在宅生活できる→本格的な在宅介護、あるいは施設介護が必要である。

**笠原先生からのメッセージ**

単に平均寿命を延ばすことからQOL（生活の質）を重視し、「心身に障害のない期間」を自立して過ごせるすこやか長寿が求められてきています。そのために介護職の役割が大切であることを認識しておきましょう。

# 社会環境のアセスメント（室温・湿度）

A（答）は次の頁です！

**Q1** インフルエンザウイルスは湿度が高いほど発生率は低くなる？

**Q2** 急激な温度変化が体に及ぼす影響のことを何と呼ぶ？

**Q3** 居室内外の温度差は何℃以上にならないようにする？

## 知っとく！

室温だけでなく湿度を調整することは、健康の維持だけでなく生活の質を維持するためにも大切です。一般的に快適と感じる温度と湿度は、夏は温度25～27℃・湿度50～60%、冬は温度18～20℃・湿度40～50%が目安とされています。

## 笠原 先生 ひとことアドバイス

高齢者は体の体温調節の機能が低下しているため、こまめに換気したり、除湿機、加湿器などを利用して、室温と湿度のバランスに配慮しましょう。

知っておこう!

前の頁のA(答)です!

# 社会環境のアセスメント(室温・湿度)

**A1** 正解。
湿度管理はインフルエンザ予防のポイントです。

**A2** ヒートショック。寒い冬場に多く発生します。

**A3** 5℃。高齢者の居室には寒暖計を置いてこまめにチェックしましょう。

## 熱中症予防指針

<table>
<tr><th>温度基準<br>(WBGT)</th><th>注意すべき生活<br>活動の目安</th><th>注意事項</th></tr>
<tr><td>危険<br>(31℃以上)</td><td rowspan="2">すべての生活活動でおこる危険性</td><td>高齢者においては安静状態でも発生する危険性が大きい。外出はなるべく避け、涼しい室内に移動する。</td></tr>
<tr><td>厳重警戒<br>(28～31℃)</td><td>外出時は炎天下を避け、室内では室温の上昇に注意する。</td></tr>
<tr><td>警戒<br>(25～28℃)</td><td>中等度以上の生活活動でおこる危険性</td><td>運動や激しい作業をする際は定期的に充分に休息を取り入れる。</td></tr>
<tr><td>注意<br>(25℃未満)</td><td>強い生活活動でおこる危険性</td><td>一般的に危険性は少ないが激しい運動や重労働時には発生する危険性がある。</td></tr>
</table>

※WBGTは気温や湿度、輻射熱から算出される「暑さ指数」。
熱中症予防のために運動や作業の強度に応じた基準値が定められています。

(引用:日本生気象学会)

Ⅲ 生活知識 ②

# 身体的アセスメント（ADL）

A（答）は次の頁です！

**Q1** ADLが向上すれば高まる「生活の質」を英語でいうと？

**Q2** ADLより複雑で高次な動作を指すのは？

**Q3** アセスメントとは？

## 知っとく！

ADLとは入浴、食事、排せつ、整容、移動などの日常生活の基本的な行動を意味します。ADLをアセスメントする目的は、自立度と介護料を知り、利用者や家族を支援することです。

## 笠原 先生 ひとことアドバイス

いつもしている介護に疑問を持って、利用者者に直接尋ねたり、点検したりすることも大切です。疑問を持つというのは、批判するのではなく、もう一度違う角度から見つめ直したり、違う方法があるかもしれないと考えたりすることを意味します。アセスメント力を高めることにもつながります。

知って
おこう
！

前の頁のA（答）です！

# 身体的アセスメント（ADL）

**A1** QOL（Quality Of Life）、クオリティ・オブ・ライフです。

**A2** IADL（手段的日常生活動作）。
家事全般や金銭管理、服薬管理などです。

**A3** 高齢者の情報を把握し、それらを分析し、特定の問題状況と課題を明確化していくプロセスです。

## 老研式活動能力指標（手段的日常生活動作能力）項目

1. バスや電車を使って1人で外出ができますか
2. 日用品の買い物ができますか
3. 自分で食事の用意ができますか
4. 請求書の支払ができますか
5. 銀行預金・郵便貯金の出し入れが自分でできますか
6. 年金などの書類が書けますか
7. 新聞などを読んでいますか
8. 本や雑誌を読んでいますか
9. 健康についての記事や番組に関心がありますか
10. 友だちの家を訪ねることがありますか
11. 家族や友だちの相談にのることがありますか
12. 病人を見舞うことがありますか
13. 若い人に自分から話しかけることがありますか

（出所：東京都老人総合研究所より）

III
生活知識
3

# 身体的アセスメント(寝た切り度)

A(答)は次の頁です!

**Q1** 「隣近所なら独力で外出できる」のランクは何?

**Q2** 「日中も寝たり起きたりしている」のランクは何?

**Q3** 終日は寝た切りの場合はランクC?

## 知っとく!

障害高齢者の日常生活自立度(寝た切り度)判定基準は、高齢者のＡＤＬの状況を客観的に評価するため、厚生労働省が作成した指標です。判定に際しては、「～ することができる」といった能力の評価ではなく、状態、特に移動に関する状態像に着目しています。

## 笠原 先生 ひとことアドバイス

だれでも「できること」と「していること」の間には少しズレがあります。このズレが大きい場合「できること」ができなくなってしまいます。ご本人の思いを大切にしながら「できること」と「していること」が近づく支援をしましょう。

知っておこう！

前の頁のA（答）です！

# 身体的アセスメント（寝た切り度）

**A1** ランクJ2。何らかの障害などがあっても日常生活はほぼ自立。

**A2** 食事・排せつ・着替えに関してはランクA2。おおむね自分で行なえます。

**A3** 正解。介護者の援助が全面的に必要となります。

## ■障害高齢者の日常生活自立度（寝たきり度）判定基準

| | | |
|---|---|---|
| 生活自立 | ランクJ | 何らかの障害を有するが、日常生活はほぼ自立しており、独力で外出する |
| | | 1 交通機関等を利用して外出する |
| | | 2 隣近所へなら外出する |
| 準寝たきり | ランクA | 屋内での生活は概ね自立しているが、介助なしには外出しない |
| | | 1 介助により外出し、日中ほとんどベッドから離れて生活する |
| | | 2 外出の頻度が少なく、日中も寝たり起きたりの生活をしている |
| 寝たきり | ランクB | 屋内での生活は何らかの介助を要し、日中もベッド上での生活が主体であるが、座位を保つ |
| | | 1 車いすに移乗し、食事、排泄はベッドから離れて行なう |
| | | 2 介助により車いすに移乗する |
| | ランクC | 一日中ベッド上で過ごし、排泄、食事、着替において介助を要する |
| | | 1 自力で寝返りをうつ |
| | | 2 自力では寝返りもうてない |

（厚生労働省「平成18年1月19日　老老発第0119001号」より）

III 生活知識 4

# 精神心理的アセスメント（認知症）

→ A（答）は次の頁です！

**Q1** 脳の司令塔と呼ばれる脳の重要な領域は？

**Q2** 妄想は周辺症状？

**Q3** 実行機能障害は中核症状？

## 知っとく！

ひとくちに認知症といってもその症状は多様で、個々によってサポートする内容は変わってきます。認知症高齢者の日常生活自立度判定基準は、認知症の程度とそれによる日常生活の自立度を客観的に把握するために厚生労働省が作成した指標です。（P.86図参照）

## 笠原 先生 ひとことアドバイス

イギリスの心理学者トム・キッドウッドが提唱したパーソン・センタード・ケアという考え方があります。「その人らしさ」を中心に置いたケアです。BPSDは認知症の人が何かを伝えようとしているメッセージで、介護はそれを理解しようとすることから始まります。

知っておこう！

前の頁のA(答)です！

# 精神心理的アセスメント(認知症)

**A1** 前頭前野。脳は大脳・小脳・脳幹に分かれている。さらに大脳の中には後頭葉・側頭葉・頭頂葉・前頭葉に分かれ、前頭葉の中に前頭前野がある。

**A2** 正しい。事実でないことを信じ込む状態。例えば物盗られ妄想などがある。

**A3** 正しい。実行機能障害とは先を見越しながら手順どおりに行ない目的を達成する能力。例えば料理(カレーライス)を作るときの手順などがある。

## 認知症高齢者の日常生活自立度判定基準

| ランク | 判定基準 |
|---|---|
| Ⅰ | 何らかの認知症を有するが、日常生活は家庭内及び社会的にほぼ自立している。 |
| Ⅱ | 日常生活に支障を来たすような症状・行動や意思疎通の困難さが多少見られても、誰かが注意していれば自立できる。 |
| Ⅱa | 家庭外で上記Ⅱの状態がみられる。 |
| Ⅱb | 家庭内でも上記Ⅱの状態がみられる。 |
| Ⅲ | 日常生活に支障を来たすような症状・行動や意思疎通の困難さが見られ、介護を必要とする。 |
| Ⅲa | 日中を中心として上記Ⅲの状態が見られる。 |
| Ⅲb | 夜間を中心として上記Ⅲの状態が見られる。 |
| Ⅳ | 日常生活に支障を来たすような症状・行動や意思疎通の困難さが頻繁に見られ、常に介護を必要とする。 |
| M | 著しい精神症状や周辺症状あるいは重篤な身体疾患が見られ、専門医療を必要とする。 |

(厚生労働省「平成18年 1 月19日　老老発第0119001号」より)

# 認知症の中核症状と周辺症状

A(答)は次の頁です!

**Q1** 認知症の記憶障害や判断力の低下などは何症状という?

**Q2** 徘徊は周辺症状のひとつである?

**Q3** 食の異常行動として主な4つの状態は?

## 知っとく!

BPSDとは、Behavioral and Psychological Symptoms of Dementiaの略で、一般的には「認知症の行動・心理状態」と訳されています。「周辺症状」とほぼ重なる概念で、同義語として扱われるようになってきています。

## 笠原 先生 ひとことアドバイス

中核症状は脳の器質的障害による認知機能障害なので改善は困難。BPSDは基本的に高齢者の心理的な要因が作用して出現する場合が多いのです。従って適切なケアで改善する可能性が高いといえるでしょう。

知ってお こう！

前の頁のA(答)です！

# 認知症の中核症状と周辺症状

**A1** 中核症状。

**A2** 正解。認知症の中期になるとよく見られる症状です。

**A3** 過食、拒食、異食、盗食。

## ■認知症の症状 ～周辺症状と中核症状～

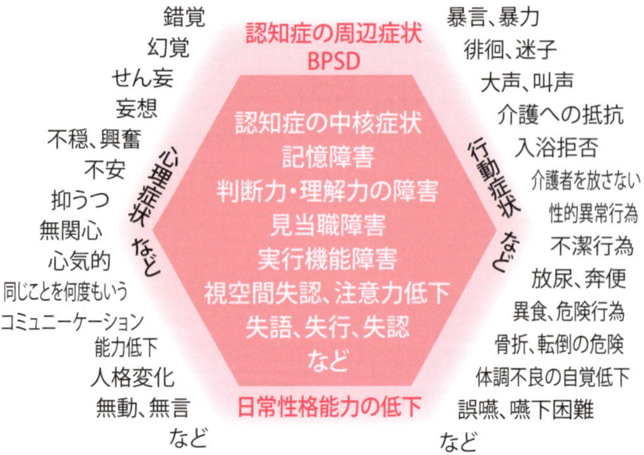


（出所：「痴呆介護の手引き：行動障害・精神症状への対応」
ワールドプランニングをもとに改変）

Ⅲ 生活知識 6

# 社会的・身体的アセスメント（転倒予防）

A（答）は次の頁です!

**Q1** 高齢者の転倒が多いのは、室内それとも室外？

**Q2** 転倒の大きな原因は、身体的要因ともうひとつは？

**Q3** 転倒予防のために、注意することは何？

## 声かけのときは

高齢者に後ろから声をかけると、驚いたり、転倒したりするおそれがあります。特に認知症の人にはゆっくり近づいて相手の視野に入ってから話しかけましょう。

## ナース ひとことアドバイス

高齢者はさまざまな薬を服用していることがあります。眠くなったり、めまいをしたりするなど、薬が原因のふらつきが転倒につながることもあります。注意深く見守り、医師や薬剤師に相談することも大切です。

知ってこう！

前の頁のA（答）です！

# 社会的・身体的アセスメント（転倒予防）

**A1** 室内。居室（リビングや寝室、キッチンなど）での転倒が多いのが特徴です。

**A2** 環境的要因。滑りやすさ、段差、床の荷物の多さ、照明などです。社会環境アセスメントが大切。

**A3** 高齢者の身体的・社会環境的アセスメントが重要。転倒の原因は筋肉やバランス機能等の身体機能だけではなく、わずかな段差等による場合もあります。

**転倒予防チェックリスト**

□つまずくことがある　□ひざが痛む
□目が見えにくい　□耳が聞こえにくい
□横断歩道を青のうちに渡れない
□片足で５秒立てない
□家の中に段差がある
□床の上に物が置いてある
□階段や廊下が暗い
□家の中でスリッパを履いている

## ■筋肉やバランス力を強化する運動

◎イスに座って片脚を上げ、つま先を立てて５秒間キープする。
左右10回×３セット、１日２回程度。
◎ひざの上に肘を乗せて、つま先を上げ下げする。
20～30回。
◎物につかまって目を開いたまま片足を上げる。
左右１分ずつ、１日３回程度。

III 生活知識 7

# 感染対策

A(答)は次の頁です!

**Q1** インフルエンザウイルスは○○感染？

**Q2** 急性胃腸炎を引き起こすウイルスといえば？

**Q3** 食中毒の3原則とは？

ノロウイルス　感染力が強く、少量のウイルス(100個以下)でも感染し、集団感染を起こすことがあります。

## 知っとく!

感染して病気を起こす生物を病原体と呼びます。寄生虫、真菌(カビ)、原虫、細菌、リケッチア、ウイルスに分類され、寄生虫を除く病原体は病原微生物といいます。

## 笠原 先生　ひとことアドバイス

皮膚の表面や体内に常在菌がいて、体力の低下と共に発病する日和見《ひよりみ》感染もあります。感染症予防には、衛生管理と健康管理で備えるよう心がけましょう。

知ってておこう！

前の頁のA(答)です！

# 感染対策

**A1** 飛沫感染。ウイルスを口や鼻から吸い込んで体内で増殖して発症します。

**A2** ノロウイルス。乳幼児から高齢者まで幅広い年齢層がかかります。

**A3** 「つけない」「増やさない」「やっつける」。

## 主な感染経路と原因微生物

| 感染経路 | 特　　徴 | 主な原因微生物 |
|---|---|---|
| 空気感染 | 咳、くしゃみなどで、飛沫核として伝播する。空中に浮遊し、空気の流れにより飛散する。 | 結核菌・麻しんウイルス・水痘ウイルス など |
| 飛沫感染 | 咳、くしゃみ、会話などで感染する。飛沫粒子(5 ㎛以上)は1m 以内に床に落下し、空中を浮遊し続けることはない。 | インフルエンザウイルス・ムンプスウイルス・風しんウイルス・レジオネラ など |
| 接触感染(経口感染含む) | 手指や食品・器具を介して伝播する。最も頻度の高い伝播経路である。 | ノロウイルス・腸管出血性大腸菌・MRSA（メチシリン耐性黄色ブドウ球菌)、緑膿菌 など |
| 介達感染 | 汚染されたものを媒介として感染する。 | 食中毒・ジフテリア・B型肝炎・結核　など |

# 食事サービス

A(答)は次の頁です!

**Q1** 食事サービスの対象者は？

**Q2** 自宅に食事を届けるのは何サービス？

**Q3** 行事食ってどんなものがあるの？

## 知っとく！

行事食はハレの日の食事です。「ハレ・晴れ」は「非日常」という意味で、晴れ着、晴れ姿、晴れの門出などと今も使われています。特別な日のメニューには単に華やかというだけでなく、日本古来の行事や地域のしきたりにそった文化であり、高齢者にとってはかけがえのないものといえます。

## 笠原 先生 ひとことアドバイス

高齢者の健康の維持・向上、病気の予防・回復を図るための食事を提供することが大切です。また、個々の嗜好や食習慣を配慮して生活の質の向上を図りましょう。

知っておこう！

前の頁のA（答）です！

# 食事サービス

**A1** 65歳以上のひとり暮らしの人や高齢者世帯などで、買い物または調理などが困難な場合です。

**A2** 生活支援型食事サービス。バランスの取れた食事の提供とともに安否確認を行ないます。

**A3** 1月のおせちに始まり、12月の年越しそばまで（下記参照）。

## 行事食の例

- 1月（正月のおせち・七草）
- 2月（節分）
- 3月（ひな祭り・彼岸）
- 4月（花見）
- 5月（端午の節句・母の日）
- 6月（父の日）
- 7月（七夕）
- 8月（お盆・納涼祭）
- 9月（月見・敬老の日・彼岸）
- 10月（月見・キノコ狩り）
- 11月（紅葉狩り）
- 12月（クリスマス・餅つき・年越しそば）

## 四季の食材例

**春の食材**… 菜の花・春キャベツ・新タマネギ・タケノコ・イチゴ・シラウオ・ヤリイカ

**夏の食材**… アスパラガス・トマト・キュウリ・ナス・枝豆・ゴーヤ・スイカ・アジ・ウナギ

**秋の食材**… レンコン・サトイモ・ナシ・カキ・きのこ類・サケ・サンマ

**冬の食材**… 白菜・ホウレンソウ・ネギ・大根・リンゴ・ミカン・ブリ・フグ

# 1日の摂取カロリーの目安

A(答)は次の頁です!

**Q1** 「日本人の食事摂取基準」とは日本人の1日に必要なエネルギーと何を示す基準?

**Q2** 2015年版「日本人の食事摂取基準」では、エネルギーの指標がカロリーから何に変わった?

**Q3** 主要なエネルギー源となる3大栄養素とは、炭水化物、脂質ともうひとつは何?

## 知っとく!

高齢者は何らかの慢性疾患を持っていることも多く、また、咀嚼力や胃腸の機能、身体活動レベルなども個人差が大きくなっています。ひとりひとりの状況をよく理解して、食事摂取基準を活用しましょう。

## 笠原先生 ひとことアドバイス

高齢者のQOLを改善するには、適切な栄養素を補給するだけではなく、食生活を通して多くの人とコミュニケーションを取ることも大切です。食生活が楽しくなるように工夫しましょう。

知ってこう！

前の頁のA(答)です！

# 1日の摂取カロリーの目安

**A1** 栄養素(摂取)量。摂取不足を回避するために、推定平均必要量、推奨量、目安量などを設定しています。

**A2** BMI(体格指数)。望ましいBMIの範囲を維持できる食事量が基準となりました。

**A3** たんぱく質。3大栄養素(マクロ栄養素)はいずれも生命維持に欠かせない栄養です。

## 目標とするBMI

| 年齢 | BMI |
|---|---|
| 50〜69歳 | 20〜24.9 |
| 70歳以上 | 21.5〜24.9 |

※BMI＝体重kg÷(身長m×身長m)
日本人の食事摂取基準2015

## 栄養素の指標

| | |
|---|---|
| 推定平均必要量 | 半数の人が必要量を満たす量 |
| 推奨量 | ほとんどの人が充足している量 |
| 目安量 | 一定の栄養状態を維持するのに十分な量 |
| 耐容上限量 | 過剰摂取による健康障害の回避するための上限量 |
| 目標量 | 生活習慣病の予防のために目標とすべき摂取量 |

# 食事バランス

A(答)は次の頁です!

**Q1** 高齢者の食事で気をつけたいのは、カロリー不足、栄養バランスの崩れともうひとは何？

**Q2** 高齢者の栄養面で気をつけたいことは、栄養過多と何？

**Q3** 食事バランスガイドの食品分では、主食、牛乳・乳製品、果物とあと2つは？

## 知っとく！

食事をおいしく、バランスよく食べる工夫として、①1日3食規則正しく食べる②適度な運動をしておなかを空かせる③食事を楽しむ④おやつをじょうずに栄養補給に役だてる⑤四季の味を楽しみながら、いろんな食品を食べる　など。

## 笠原 先生 ひとことアドバイス

高齢になると体の中の水分量が減り、のどの渇きも感じにくくなります。また、食事から摂る水分量も減ってしまうことが多いので、誤嚥に注意しながら水分が補給できるよう気をつけましょう。

知って おこう！

前の頁のA（答）です！

# 食事バランス

**A1** たんぱく質の不足。たんぱく質が不足すると筋肉が衰え、基礎代謝も低下してします。

**A2** 低栄養。1回の食事でたくさんの食事をとることは難しいので1日3回きちんと食事をします。

**A3** 主菜と副菜。

## ■食事バランスガイド

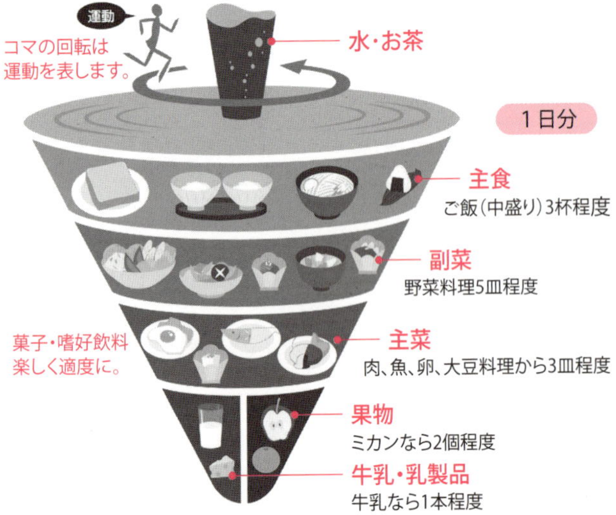


※厚生労働省と農林水産省の共同により平成17年6月に策定されました。

Ⅲ 生活知識 ⑪

# 低栄養状態のリスクレベル

A(答)は次の頁です!

**Q1** 三大栄養素とは、脂質と炭水化物、そして何?

**Q2** 栄養過多の反対は?

**Q3** 低栄養の多くはたんぱく質と何の不足?

## 知っとく!

栄養状態の過不足は血液中を流れる血清アルブミン(たんぱく質の一種)の値で評価するのが一般的で、加齢に伴い減少する傾向があるため老化の指標にもされています。基準値(4.5 前後)を下回り3.5 以下になると早急な対応が必要になります。

## 笠原 先生 ひとことアドバイス

高齢者にとって低栄養を予防するということは、疾病を予防し、QOLや自立度を維持するうえで重要なことです。低栄養は気づかぬうちに進行します。バランスの取れた食事と適度な運動を心がけましょう。

知って おこう!

前の頁のA(答)です!

# 低栄養状態のリスクレベル

**A1** たんぱく質。

**A2** 低栄養(栄養不足)。食欲不振や偏食などが続くと栄養素の不足を招きます。

**A3** エネルギー(糖質・脂質)。共に不足すると命にかかわる危険な状態になります。

## 低栄養状態のリスクレベル

すべての項目が低リスクに該当する場合には「低リスク」、高リスクにひとつでも該当する項目があれば「高リスク」、それ以外は「中リスク」と判断する。

| リスク分類 | 低リスク | 中リスク | 高リスク |
|---|---|---|---|
| BMI | 18.5〜29.9 | 18.5 未満 | |
| 体重減少率 | 変化なし<br>(減少3%未満) | 1か月に3〜5%未満<br>3か月に3〜7.5%未満<br>6か月に3〜10%未満 | 1か月に5%以上<br>3か月に7.5%以上<br>6か月に10%以上 |
| 血清アルブミン値 | 3.6g/dl 以上 | 3.0〜3.5g/dl | 3.0g/dl 未満 |
| 食事摂取量 | 76〜100% | 75%以下 | |
| 栄養補給法 | | 経腸栄養法<br>静脈栄養法 | |
| 褥瘡 | | | 褥瘡 |

栄養改善マニュアル(厚生労働省)より

# 薬の服用

A(答)は次の頁です!

**Q1** 高齢者は薬の副作用が出やすいのはどうして?

**Q2** 錠剤やカプセル剤を水なしで飲ませてもだいじょうぶ?

**Q3** ジェネリック医薬品って?

## 知っとく!

高齢者は多剤併用が多く、重複投与や薬物相互作用のリスクが伴います。また、加齢による生理機能の変化で、副作用の心配も高くなり安全管理が大切です。

## ナース ひとことアドバイス

薬の名前と効き目、どのくらいの期間飲むのか、他の薬と併用して飲んでよいのか、食べ物や日常生活に気をつけることはないのかなど、医師や薬剤師に確認をしましょう。

人のいやがる仕事を引き受けよう!⇦ 介護の道しるべ

知ってておこう!

前の頁のA(答)です!

# 薬の服用

**A1** 全身や肝臓の機能の低下が原因のひとつになるからです。

**A2** いけない。必ずコップ半分から1杯のぬるま湯か水で服用します。

**A3** 厚生労働省が先発医薬品と同等と認めた医薬品。安価で経済的負担が減ることが利点です。

## 服用方法と時間の目安

内服剤は消化管から体内に吸収されます。どこで溶けどのくらいの時間で吸収されるかなどの効果について考えられています。錠剤をかんだり、カプセル剤の中身を出して飲んだりすると作用の低下や副作用の心配があるので注意が必要です。

| 服用方法 | 時間の目安 |
|---|---|
| 食　前 | 食事前の30分〜1時間以内 |
| 食　後 | 食後の30分以内 |
| 食　間 | 食事と食事の間。<br>前の食事からおよそ2〜3時間後が適当。 |
| 寝る前 | 就寝の30分〜1時間前 |
| 頓服（とんぷく） | 症状が出たとき |

# IV

# 体と用語辞典

人　体

骨　格

筋　肉

脳

口

専門用語

# 1 人体図名称

## 全身の部位

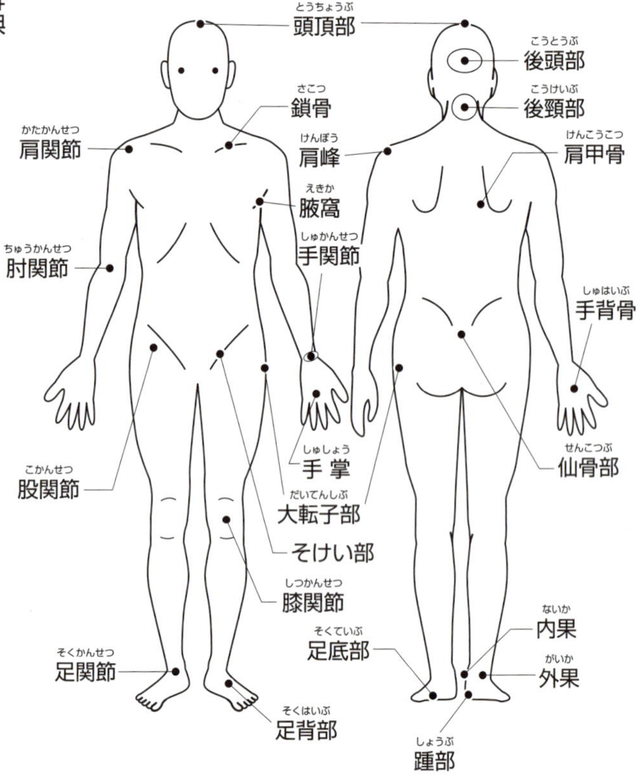

# 2 骨格の名称

## 骨と関節の詳細

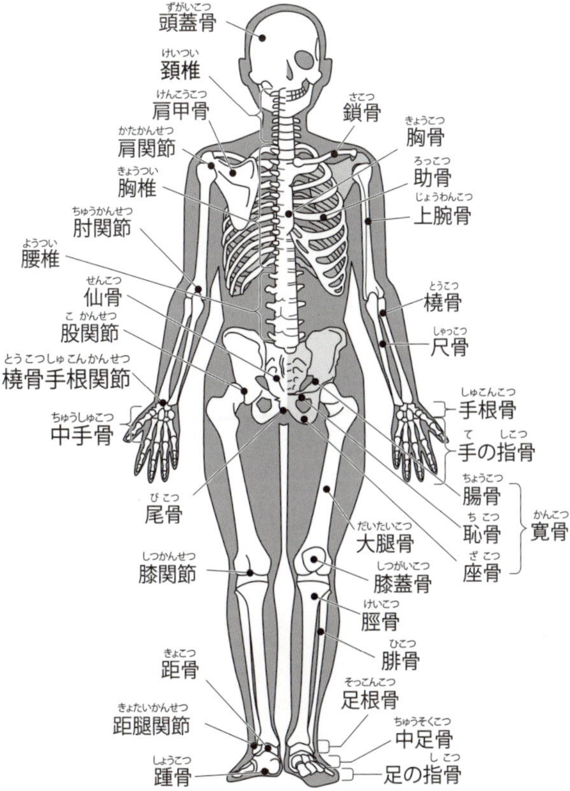
頭蓋骨《ずがいこつ》
頸椎《けいつい》
肩甲骨《けんこうこつ》
肩関節《かたかんせつ》
胸椎《きょうつい》
肘関節《ちゅうかんせつ》
腰椎《ようつい》
仙骨《せんこつ》
股関節《こかんせつ》
橈骨手根関節《とうこつしゅこんかんせつ》
中手骨《ちゅうしゅこつ》
尾骨《びこつ》
膝関節《しつかんせつ》
距骨《きょこつ》
距腿関節《きょたいかんせつ》
踵骨《しょうこつ》
鎖骨《さこつ》
胸骨《きょうこつ》
肋骨《ろっこつ》
上腕骨《じょうわんこつ》
橈骨《とうこつ》
尺骨《しゃっこつ》
手根骨《しゅこんこつ》
手《て》の指骨《しこつ》
腸骨《ちょうこつ》
恥骨《ちこつ》
座骨《ざこつ》
寛骨《かんこつ》
大腿骨《だいたいこつ》
膝蓋骨《しつがいこつ》
脛骨《けいこつ》
腓骨《ひこつ》
足根骨《そっこんこつ》
中足骨《ちゅうそくこつ》
足の指骨《しこつ》

# 3 骨格の名称

## 骨格の詳細

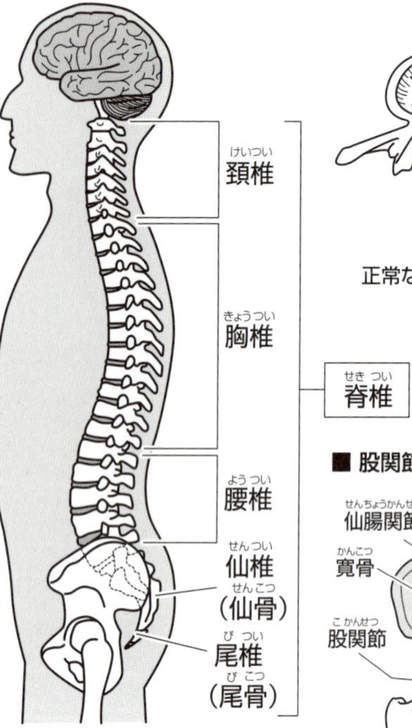


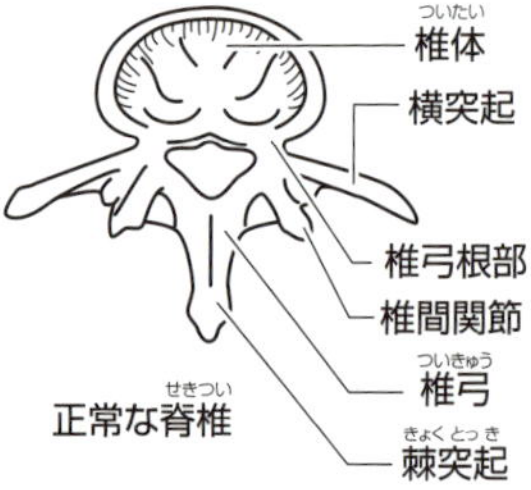


■ 股関節・仙腸関節

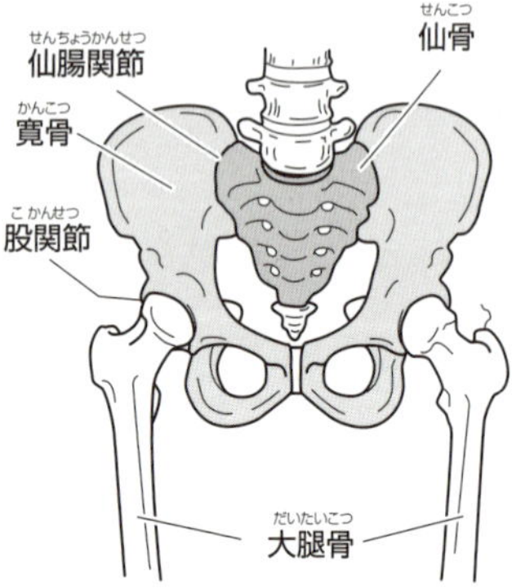

# 4 筋肉の名称

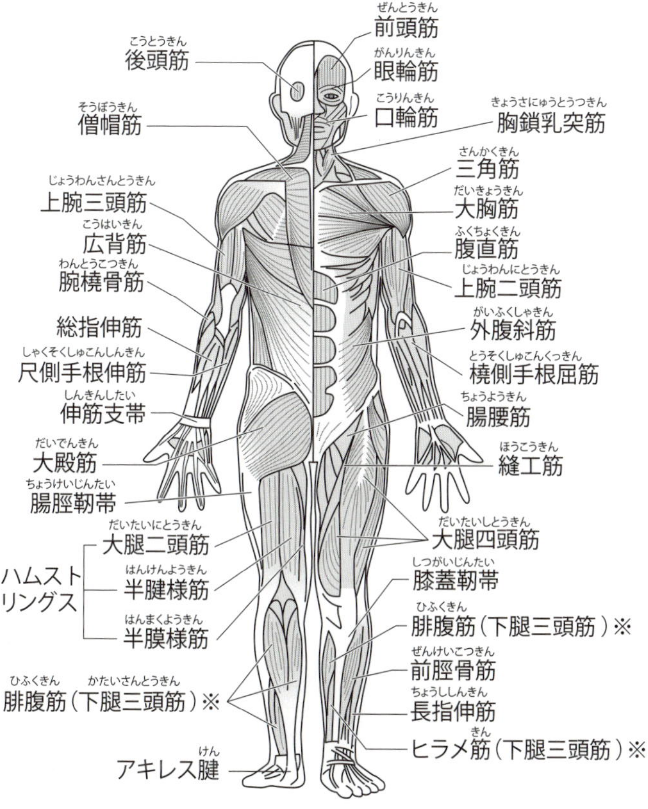


※腓腹筋とヒラメ筋を下腿三頭筋と呼ぶ　。

# 5 脳・内臓

## 脳の詳細

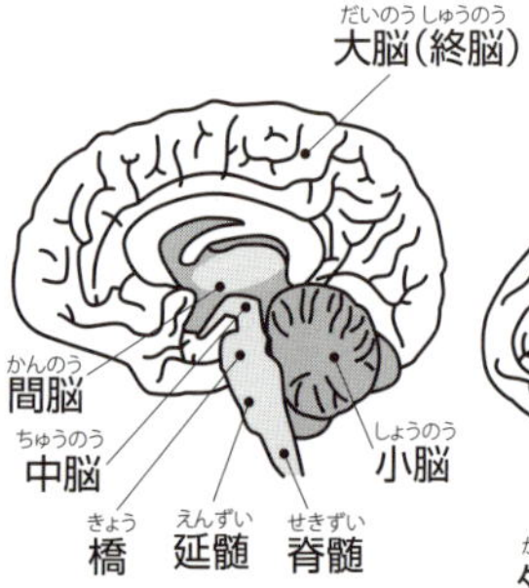


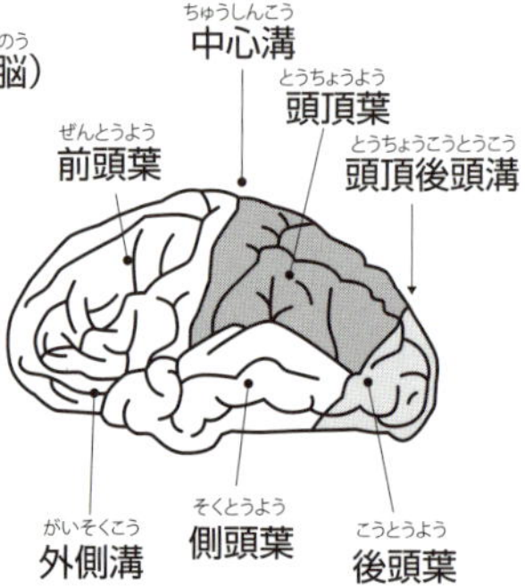


## 内臓の名称

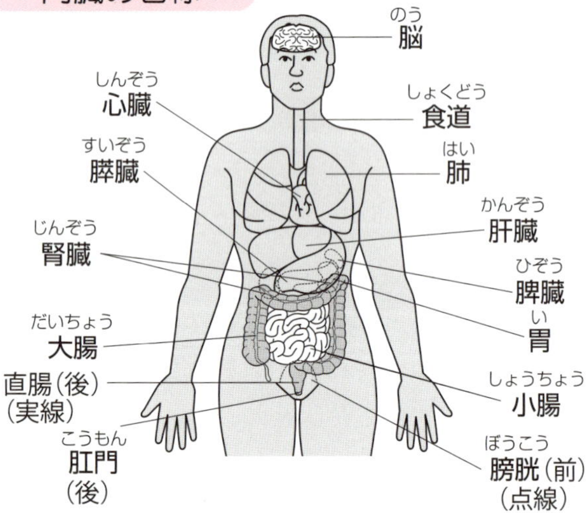

# 6 口(咽喉・口腔・舌)

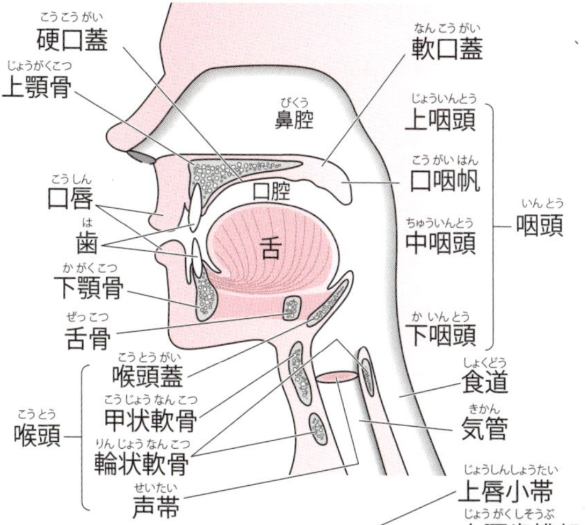


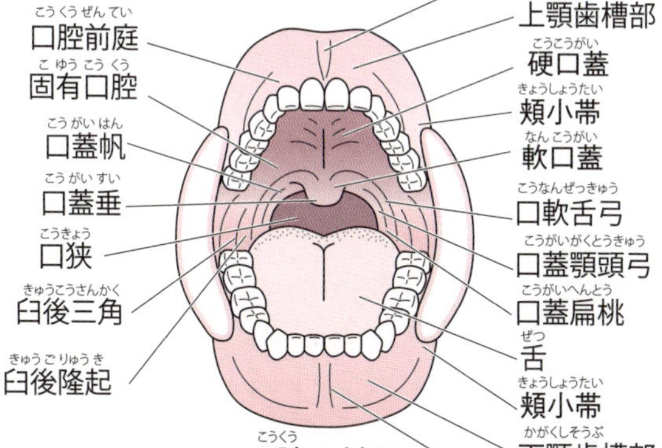


口腔《こうくう》の前面

# 介護・医療の専門用語

## あ アクティビティ

デイサービスや高齢者施設などで提供されている活動をいう。趣味やゲーム、運動、音楽、生きがい活動などがあり、心身の活性化を図るために実施されている。

## アセスメント

ケアマネジメント過程で、ケアプランを作成するための基本情報として、利用者や家族の日常生活や健康状況、希望などを事前には把握、評価することをいう。

## アルツハイマー病

大脳の萎縮性疾患。1906年にドイツのA.アルツハイマーによって初めて報告された。初期には軽度の記憶障害や時間・場所の認識ができなくなる症状が現れる。高齢者の認知症では最も頻度が高い。

## 移乗動作（いじょうどうさ）

日常生活に不可欠な行為で、ベッドから車イス、車イスから洋式便器などへの乗り移りの動作のこと。杖や松葉杖を使用して車、乗り物への移乗、玄関の昇降、浴槽への出入りなども含まれる。

## 異食行為（いしょくこうい）

食べ物とそうでない物との区別ができなくなり、何でも口に運んでしまう行為BPSDのひとつ。認知症の人に多く見られることがある。見守りや環境への配慮が必要となる。

## 胃ろう

経口摂取が不可能な人の腹部の皮膚から腹壁を通って胃へつながるように穴をあける。その穴に管を付けて胃へ水分や栄養を補給する。内視鏡的胃瘻造設術（PEG：ペグ）が開発され増加傾向にある。

### インフォームド・コンセント（informed consent）

医師が患者に病気治療やリスクについて説明を行なって同意を得ることをいう。informedは「説明」、consentは「同意」という意味で、正確な情報を元に共に治療方針を考えていこうという概念である。

### 嚥下障害（えんげしょうがい）

食べ物や飲み物を口に入れ、咀嚼（かみ砕く）後、嚥下（飲み込むこと）が困難になることをいう。高齢特有の病態のひとつで、加齢や認知症、寝た切り、脳血管障害などによって嚥下機能低下のある人が多い。

### エンパワーメント（empowerment）

直訳すると「力をつけること」という意味。福祉・介護の分野においては、障害を持った人や家族がみずからをコントロールできること、自立する力を得ることをいう。

### か 回想法（かいそうほう）

1960年代初頭に米国の精神科医バトラーによって始められた心理療法。高齢者に人生経験を語らせることで、記憶の回復や日常生活への関心などを得ることを目的とする。認知症の改善につながるとされている。

### カテーテル（catheter）

胸腔・腹腔や消化管・尿管・血管などに管を挿入すること。管にはさまざまな材質・太さ・長さがある。介護の現場では胃や鼻腔に管を挿入（経管栄養）、尿道に管を挿入して排尿をする導尿、管を尿道に継続的に挿入するカテーテル留置等がある。管からの感染に注意することが求められる。

### 感染症（かんせんしょう）

病原体（微生物）が人の体に侵入して感染を起こす病気。伝染性感染症（伝染病）と非伝染性感染病（膀胱炎や破傷風など）がある。高齢者では発熱などの症状が現れないことがある。集団感染に注意する必要がある。

## 患側（かんそく）・健側（けんそく）

機能障害などで左右を比較する際に用いられる。脳血管障害などによって麻痺が生じた際に使いにくい麻痺のある体側を患側、受傷していない体側を健側という。

## 緩和ケア（かんわ）

病気が重くなって治るみ込みがなく、治療法もなくなった場合、患者の痛みや家族の悩みを緩和するために行なう各種ケア。医師や看護師，薬剤師や栄養士，理学療法士，作業療法士、介護士などが協力して行なう。

## 逆流性食道炎（ぎゃくりゅうせいしょくどうえん）

いわゆる「胸焼け」で、食道穿孔ヘルニアや腹圧の上昇で胃酸が食道に逆流し、加齢による蠕動運動の低下のため食道内に滞り、食道粘膜に炎症を起こす。慢性化すると食道がんの原因となる。

## 仰臥位（ぎょうがい）

基本的な体位のひとつで仰向けのこと。日常的には就寝時や休息時に用いられる体位。臨床的には診察時や救急処置、手術時の体位として一般的である。横向き姿勢は側臥位、うつぶせ姿勢は伏（腹）臥位という。

## 狭心症（きょうしんしょう）

動脈硬化や冠状動脈の縮小などによって心臓の筋肉（心筋）の血の巡りが悪くなり、胸の部分に締め付けられるような痛みが起こる心疾患のひとつ。身体的労作や精神的な興奮で誘発されるが、特別な誘因なしで起こる「安静狭心症」も見られる。

## 虚血性心疾患（きょけつせいしんしっかん）

心臓の筋肉（心筋）への血液の供給が虚血（減ったり途絶えたりする）状態となる疾患。心筋の冠状動脈が完全に詰まってしまうのが心筋梗塞である。

## ケアカンファレンス（care conference）

カンファレンスは、協議、会議のことで、ケアプランの作成や見直しに当って、ケアマネジャーや各介護サービスの担当者が集まる会議のこと。介護保険制度においては「サービス担当者会議」と呼ばれる。

## 経管栄養（けいかんえいよう）

嚥下障害で口から食物を摂取できない場合、鼻腔か腹部にチューブを入れて栄養を補給することで、施術して栄養維持を図る。胃に穴をあけてチューブを直接入れる方法を胃ろうという。

## 血糖値（けいこうせっしゅ）

血液には一定量（ブドウ糖）が含まれており、その濃度のこと。空腹時の血糖値は80～100mg/dl。ブドウ糖は人間に必要なエネルギー源で、血糖を下げるインスリンと血糖を上げるグルカゴンなどのホルモン作用によって調節されている。

## 言語障害（げんごしょうがい）

大脳の言語中枢が損傷を受け、聴く・話す・読む・書くという言語能力が障害された状態、その機能向上訓練をするのが言語聴覚士（ST）である。

## グリーフケア

大切な人を亡くして大きな悲しみ（グリーフ）に襲われている人に対するケア。1960年代に米国で始まったとされ、対象者が事実を受け入れて環境の変化に適応するプロセスを支援する。

## 見当識（けんとうしき）

自分で置かれている場所や時間、環境を把握する認識能力で、その能力が障害されることを見当識障害という。認知症に顕著に見られ、失語、失行、失認といった障害に進むと、日常生活に支障を来すようになる。

## 口腔ケア（こうくう）

口腔衛生の改善のためのケアで、便秘や歯石の除去、義歯の手入れや調整、簡単な治療まで含められることが多くなっている。高齢者の疾病予防や機能回復訓練、健康の保持増進、QOLの向上につながる。

## 拘縮（こうしゅく）

関節の靭帯などが硬くなり、関節の動く範囲が制限された状態。寝たきりになると拘縮しやすく、進めば四肢が変形したり、褥瘡の原因になる。体を動かすことが予防策で、寝たきりでは定期的に体位交換を行なう。

## 誤嚥（ごえん）

飲食物などが誤って気管に入ってしまうことで、飲み込む力が弱かったり, 飲み込む神経の働きが悪かったりすると起こしやすい。急性疾患や寝たきり、意識障害時に多く、窒息や肺炎の原因となる。

## 骨粗鬆症（こつそしょうしょう）

骨のカルシウム量が減少して骨がスポンジのように粗くなり骨折しやすくなった状態。高齢者や閉経後の女性に多く見られる。脊椎が圧迫骨折して腰が曲がると、胃もたれ、胸焼け、息切れなど内臓に障害が出てくる。

## コレステロール（cholesterol）

肝臓や脳、脊髄などに多く含まれる脂質で、肝臓、小腸などで作られるとともに、食物からも吸収される。細胞膜の構成成分となったり、ホルモンの原料となったり、胆汁酸の原料となって脂質の消化吸収にかかわる。

## コンプライアンス（compliance）

直訳すると「法令遵守」で、法律や条例を遵守することとなる。福祉においては高齢者・障害者の基本的人権に優しい福祉サービスを提供する事業者と職員の行動指針としてその専門性を高めるために必要である。

## さ サービス付高齢者住宅（サ高住）

民間事業者などが運営する都道府県等で認可・登録された賃貸住宅。バリアフリーなどのハード面の一定の条件を備え、24時間の安否確認や生活相談などのサービスを提供する。

## サービス提供責任者（サ責）

利用者の身体介護・生活援助の業務をはじめ、ケアマネジャーやケアワーカーとの連絡調整などのコーディネート業務を行なう。居宅サービス事業の訪問介護の要として重要な役割を果たす。

## サクセスフル・エイジング（successful aging）

幸福な老い。身も心もつつがなく年をとっていくこと。年齢とともに老いていくことを認識しつつ、これを受け入れながら社会生活にうまく適応して豊な老後を迎えていることをいう。

## 自助具（じじょぐ）

体の不自由な人が自立して生活できるよう工夫された補助用具。特に握りやすいはしやフォークなど手指・手首の障害に役だつ物が多い。

## 失語症（しつごしょう）

声帯やのど、舌などの身体的機能は問題がないが、言語中枢の破壊で言語を操る能力が低下するために、うまくしゃべれなくなったり、相手の言っていることを理解できなくなったりする状態。

## 小規模多機能型居宅介護

要介護認定を受けた人が住み慣れた地域で、安心して暮らせるように設立された地域密着型サービスのひとつ。「通い」を中心にして在宅での生活が継続できるよう支援する。

## スクリーニング（screening）

直訳すると選別すること。ケアマネジメントの際に、要援護者やその家族から家族状況や日常生活の自立度、障害がどこにあるのかなどを尋ねて、その結果を3種類に分類することなどである。

## ストレングス（strength）

英語で「強さ・力・勢いという意味の英語で、福祉では、利用者が持つ能力や意思、知識などを指し、問題解決に活用できるあらゆる強みをいう。できること、好きなことであり、広い意味では「趣味」なども入る。

## 生活習慣病（せいかつしゅうかんびょう）

食生活や喫煙、飲酒などの生活習慣がもたらす病気、不健康な生活習慣で発病する。生活を改善することで予防でき、進行を抑えることができる。糖尿病や動脈硬化、高血圧症、脂質異常症、痛風、肥満などが含まれる。

## 清　拭（せいしき）

入浴の代わりに体をふいて清潔にすることで、病気で安静が必要なときや入浴できない要介護者に行なう。衛生と皮膚への刺激、気分転換、精神の安定を図るのに有効である、また、褥瘡の予防にも役だつ。

## セカンドオピニオン（second opinion）

第二診断のことで、診断や治療方針について主治医以外の医師の意見をいう。症状を判断したり重大な決断を要する場合の患者側のひとつの手段である。インフォームド・コンセントとともに必要性が高まっている。

## 摂食障害（せっしょくしょうがい）

摂食とは食べ物を口に入れ、かみ砕いて飲み込み、食道から胃に送り込む運動行為で、いずれかの障害で食事ができなくなる状態をいう。高齢者では嚥下能力の低下などで、食物が十分に摂取できないで低栄養になりやすい。

### せん妄（もう）

意識混濁、不穏から興奮および幻覚（多くは幻視）を主症状とする急性脳器質症候群をいう。高齢者ではほとんどの疾患によってせん妄を起こす。軽度から中程度の意識混濁に、不安や幻覚、興奮といった状態を示す。

### ソーシャルワーカー（social worker）

社会福祉の分野で専門的な知識や技術を持ち、支援を必要とする人と社会サービスを結びつける仲介役のこと。主に社会福祉事業に携わる人の総称だが、社会福祉士や精神保健福祉士（国家資格）を指すことが多い。

### 側臥位（そくがい）

体腸骨・肩峰部・外踝部で支え横向きに寝た状態をいう。寝衣やリネン交換、排せつの援助のときなどにとられる体位である。寝姿や状態を臥位、上を向いた寝姿を仰臥位、うつぶさになった状態を伏臥位（腹臥位）という。

### た ターミナルケア（terminal care ）

治療の見込みがなく死期が近づいた人と家族に対して行なう包括的なケア。介護者はコミュニケーションによって苦痛を取り除き、安らかに死を受け入れることができるように温かく援助する。

### 体位交換（変換）（たいいこうけん　へんかん）

自力で体位を変えられない人の体位を変えること。同じ姿勢のまま長く寝ていると筋肉や関節が硬くなって起き上がる力が低下し、拘縮や褥瘡を生じやすく、内臓の機能低下なども招く。

### 大腿骨頚部骨折（だいたいこつけいぶこっせつ）

大腿骨の脚の付け根に近い部分の骨折。若い人に起こるのはまれで、加齢による骨粗鬆症の高齢者が起こしやすく、治りにくいため寝たきりの原因になる。

### 脱水症状（だっすいしょうじょう）

体内の液体成分（成人では体重の約60％）の減少した状態をいう。加齢とともに水分が減ると血液の流れが悪くなり、脳梗塞や心筋梗塞を起こしやすくなり、腎臓から老廃物が排出されにくくなる。

### 低血糖（ていけっとう）

正常の空腹時血糖値は80～100mg/dlで、60mg/dl以下になると低血糖症状が現れる。異常な空腹感や震え、冷汗、意識喪失などの症状が現れるが、糖分を摂取すると回復する。程度により生命に危険な場合がある。

### 統合失調症（とうごうしっちょうしょう）

幻聴や幻視、妄想、無気力、無関心、生活能力の低下、社会的常識欠如などの症状が見られる精神障害。青年期に好発するが初老期に発病することがある。薬や心理的ケアなどの早期治療で治る人も多くなっている。

### 認知症を起こす代表的疾患

主に神経細胞の働きを低下させる脳疾患が認知症につながっていく。アルツハイマー型認知症、レビー小体型認知症（パーキンソン病）、前頭側頭型認知症、血管性認知症、頭部外傷などがある。

### 認認介護（にんにんかいご）

認知症の家族を介護している人も認知症を患っている状態をいう。在宅介護において見過ごされがちな家族のケアにも十分に注意を払う必要がある。また、高齢者が高齢者を介護する老老介護という。

### ネグレクト（neglect）

無視することやないがしろにする意味で、介護の場合は高齢者虐待のひとつ「介護放棄」のことを指る。自身による健康や安全を損なう行為「セルフ・ネグレクト」（自己放任）という言葉もあります。

## 熱中症(ねっちゅうしょう)

長時間の高温や高熱、過度の運動などで体温調整がうまくいかずに起こる病気。汗を大量にかいて水分補給をしないと体内に熱がこもり、血液循環がとどこおって全身の機能が麻痺する。感覚が衰えた高齢者がなりやすい。

## ノロウイルス(Norovirus)

腹痛や下痢、嘔吐、発熱などの症状を起こすウイルスの一種。食中毒がほとんどであるが、便や吐物に接触して感染する場合もあり、それらにはノロウイルスが大量に含まれており、その処理には十分に注意が必要である。

## ノーマライゼーション(normalization)

障害者であろうと健常者であろうと、共に同じ社会の一員として生活できる成熟した社会に改善していこうという考え方や営みのこと。すべての人を幸福にするという福祉の基本理念である。

## は パーキンソン病

中脳の黒質線条体に至る神経細胞の変性委縮により、神経伝達物質のドーパミン不足などが引き起こされる神経変性疾患のひとつ。主に中・高年期に発病し、ゆっくりと進行する。特定疾患に指定されている。

## バイタルサイン(vital signs)

生命兆候ともいい、生きていることを示すしるし。主に体温・呼吸・脈拍・血圧を指し、食欲、睡眠、排せつ、意識、精神状態なども含む。これらの兆候を知ることで、生命の危険を察知したり、日常の介護時の判定基準にする。

## 廃用症候群(はいようしょうこうぐん)

寝たきりで骨や筋肉の萎縮や関節の拘縮、意欲や記憶力などの心身機能が低下することで、寝たきり症候群とも呼ばれる。座位時間を増やしたり、上肢や下肢を動かす運動を行なったりして機能低下を抑える。

## バリアフリー（barrier free）

バリア（障壁）をフリー（除去する）にする意味で、身体的、精神的障壁を取り除き、高齢者や障害者などすべての人に優しい社会づくりをしていこうというもの。車イスで通行可能な道路や点字の案内板の設置などがその例である。

## ピック病

主に大脳の前頭葉と側頭葉が萎縮し、神経細胞が脱落する原因不明の進行性疾患。初老期認知症の代表疾患で、記憶や見当識は保たれているが、人格障害（人格変化）が著しい。

## ヒヤリ・ハット

労災事故を未然に防止するための概念で、事故寸前の危険な事例のこと。事前の事故防止はもちろん、事故原因や要因、背景に気づく能力を高める必要がある。

## ファーラー位

半坐位。上体を45°起こした体位で、身体がずり落ちないように頭部・腋窩・膝下などを枕やクッションで支える。体位保持にはギャッジベッドやバックレストなどが用いられることが多い。

## フォーマル・ケア（formal care）

公的機関が行なうフォーマル（正式）な制度に基いた社会福祉サービスのこと。介護保険や医療保険などで給付されるサービスなどのことをいう。家族や地域住民、ボランティアなどによる非公式な支援のことをインフォーマル・ケアという。

## 変形性関節症（へんけいせいかんせつしょう）

加齢や肥満、過度の使用によって、ひざや足首の関節、股関節などが大きな荷重が掛かって形態が変化する疾患。関節に水がたまり、軟骨のすり減りによって変形して機能障害を起こし、立ち上がるときや歩行時に慢性的に痛む。

### ホスピス（hospice）

治療の見込みのない病気に冒された人を肉体的・精神的・社会的苦痛が緩和され、人として尊厳を保てるようケアをするための施設。そのケアの役割で重要なことのひとつは痛みのコントロールである。

### ボディメカニクス（body mechanics）

生体力学のこと。人問の正常な運動機能は、神経系・骨格系・関節系・筋系が互いに影響し合い、いずれかの系に支障を来すと、正確に運動が行なえなくなる。この各系の相互関係をいう。

### ま 慢性疾患（まんせいしっかん）

高血圧症、糖尿病、高脂血症、高コレステロール血症、痛風、緑内障、慢性C型肝炎、慢性腎不全、慢性閉塞性肺疾患、慢性心不全などがある。

### 物忘れ外来（ものわすれがいらい）

症状が認知症であるのか加齢による物忘れかを診断する外来で、専門的な見地からの診察・CTなどの検査・相談を行なう。最近物忘れ外来を設ける病院が増えてきており、診断結果に応じて治療をしてくれる。

### モニタリング（monitoring）

現状を観察して把握することをいう。介護サービスや支援がうまくいっているかなどを、ケアマネージャーが利用者と事業者の双方から情報を収集し、持続的に観察、管理、評価する。

### や ユニバーサルデザイン（universal design）

障害の有無や年齢・性別・能力を問わずすべての人が利用できる製品・環境・空間・建築などのデザイン。例えば、日常の食事から介護食まで幅広く使える食べやすさに配慮した食品をユニバーサルデザインフードという。

## 要介護認定（ようかいごにんてい）

要介護（支援）状態区分ともいい、要介護と要支援に分かれる。介護保険サービスを受けるためには、要介護度の認定を受けなければならない。要支援1・2、要介護度は1〜5で判定される。

## リスクマネジメント（risk management）

リスクとは、損失や事故、その危険性や危険性そのものの意味で、そうしたリスクによる不測の事態の発生に対して、迅速かつ適切に対応できる。危機管理と訳される。

## リビング・ウィル（living will）

「平穏死」「自然死」を望む人が個人の延命の意志を明確に表示すること。回復の見込みがなく植物状態となったときなどに、個人の「死ぬ権利」を明確にするための生前の意思である。

## 老年期発達障害（ろうねんきはったつしょうがい）

高齢者（60歳代以上）に見られる発達障害。対人関係がうまく築けない、会話が成り立たない、ひとつのことに異常な興味を示す、感覚や知覚異常などの特徴がある。高齢者の特性とともに、発達障害の特性に配慮した支援の必要がある。

## 老老介護（ろうろうかいご）

要介護者、介護者ともに高齢者であること。介護する側もされる側も高齢のために疲れ果て、共倒れになってしまうことが懸念される。

## ＩＬ運動

1970年代に米国で始まり、国際重度障害者の活動に影響を与えた自立生活運動。重度障害者が社会の中で健常者と同じように自分の意思で人間としての権利を主張、獲得して社会の一構員として活動することを目的とした運動をいう。

## 知っておきたいこんなこと

### 高齢者に多い病気

【慢性的な疾病】

高血圧症・糖尿病

高脂血症

閉塞性動脈硬化症

【胃腸系の疾病】

胃潰瘍・十二指腸潰瘍

腸閉塞・胃がん・大腸がん

【皮膚の疾病】

褥瘡・疥癬（かいせん）

【目の疾病】

白内障・緑内障

糖尿病性網膜症

【関節・骨の疾病】

関節リウマチ・変形性関節症

骨粗鬆症

【呼吸器系の疾病】

気管支喘息・肺気腫

肺炎・肺結核

【泌尿器系の疾病】

尿路感染症・前立腺肥大症

慢性腎不全

【肝臓系の疾病】

胆石症・胆のう炎・肝硬

【心臓系の疾病】

心筋梗塞・慢性心不全

急性心不全・狭心症

【脳の疾病】

パーキンソン病（症候群）

脳出血・くも膜下出血

脳梗塞(脳血栓・脳塞栓)

脊髄小脳変性症

アルツハイマー型認知症

脳血管性認知症

# 略語・誤りやすい用字

## ■略語

### ADL(activities of daily living)

医師が患者に病気治療やリスクについて説明を行なって同意を得ることをいう。informedは「説明」、consentは「同意」という意味で、正確な情報を元に共に治療方針を考えていこうという概念である。

### AED(Automated External Defibrillator)

自動体外式除細動器。心臓の致死的な不整脈を感知して電流を流し、心臓を正常に戻すことができる機器。空港や駅、公共施設など不特定多数の人たちが出入りする場所に設置されている。

### BMI(Body Mass Index)

国際的に用いられている体格指数。体格指数。[体重(kg)]÷[身長(m)の2乗]で算出される。肥満の判定基準は国によって異なり、18.5未満が「低体重(やせ)」、18.5以上25未満が「普通体重」、25以上が「肥満」とされる。

### BPSD(Behavioral and Psychological Symptoms of Dementia)

従来、周辺症状といわれていた徘徊や異食、暴力などの行動障害に加えて、抑うつ、強迫、妄想などの心理症状の総称。以前は認知症の初期にはBPSDが出現しないと考えられていたが、現在では初期の段階から特に心理症状が出現することが知られている。

### CCU(Coronary Care Unit)

冠疾患集中治療室。循環器系、特に心臓血管系の疾患を抱える重篤患者を対象としたもの。ICU(Intensive Care Unit)は集中治療室、HCU(High Care Unit)は準集中治療室で、高度で緊急を要する医療を行なう。

## DIV（Drip infusion in（to）vein）

点滴静脈注射で、一般的な点滴を指す。静注と訳されることもあり、和製英語の可能性高い。

## DM（diabetes mellitus）

糖尿病のこと。血糖値（血液中のブドウ糖濃度）が高い状態を指す。膵臓のインスリン分泌不全による内分泌疾患で、進行すると目や腎、神経に合併症をきたすようになる。

## DNA（Deoxyribo Nucleic Acid）

デオキシリボ核酸。DNAの中に遺伝情報が暗号化して収められている。DNAが傷つけられるとがんなどの多くの病気が引き起こされる。

## FIM（Functional Independence Measure）

機能的自立度評価表（ADL評価法）。介護負担度の評価が可能で信頼性と妥当性があるとされ、リハビリの分野などで幅広く活用されている。

## IADL（Instrumental Activities of Daily Living）

日常生活の基本動作。ADLでの動作を応用し、動作の範囲をさらに広げた活動動作のことをいう。家事一般や金銭管理など、自立度と実施度の困難さなどの観点から見ていく必要がある。

## ICF（International Classification of Functioning,Disability and Health）

2001年にWHO（世界保健機関）で採択された国際生活機能分類。障害を否定的なイメージでとらえずに「心身機能・身体構造」・「活動」・「参加」という中立的な用語を使い、これらに影響を及ぼす「環境因子」・「個人因子」も加えた。障害はこれらが相互に関係して発生するという考え方を持つ分類。

## MRI（Magnetic Resonance Imaging）

核磁気共鳴断層撮影装置。電磁波をコンピュータ処理によって画像化する。被曝の心配がなく、正確であらゆる方向の断面像が得られる。

## MSW（Medical Social Worker）

医療ソーシャルワーカー。医療的な知識を持ち、医療チームの一員となって医師の診断・治療に寄与する専門職である。

## OT（Occupational Therapist）

作業療法士。厚生労働大臣の免許を受けて心身に障害のある人、それが予測される人に対して、医師の指示のもとで諸機能の回復・維持および開発を促す作業活動を行なう。

## PEG（Percutaneous Endoscopic Gastrostomy）

口から十分に栄養が取れない人のために、内視鏡を使っておなかの壁と胃の壁を通して小さな穴（この小さな穴のことを 胃瘻 （ いろう ）という ）を造り、その穴にチューブを入れる手術。

## PT（Physio Therapist）

理学療法士（国家資格）。要援助者に対して基本的動作能力の回復のための理学療法を医師の指示の下で行なう。大学や短期大学、専門学校で学び、試験に合格して資格を取得する。

## QOL（Quality Of Life）

生活の質。1989年にWHOががんの全過程にQOLを重視した医療を提唱したのが始まり。環境問題から高齢者の問題まで幅広く用いる。

## ST（Speech Therapy）

言語聴覚士（国家資格）。言語によるコミュニケーションに問題がある人の評価から訓練、指導、助言、援助まで行なう専門職である。

## WHO（World Health Organization）

世界保健機関。世界のすべての人々を健康にすることを目的にさまざまな事業を展開する。1948年に設立され、日本は1951年に加盟した。本部はスイスのジュネーブにある。

## 誤りやすい用字・誤用

### 「以外」と「意外」

「以外」（⇔以内）はある範囲の外側、その物事を除く（その他）、「意外」は考えていたことと違う、思いがけないときに（予想外・案外）。「以外」は物事に対して、「意外」は思いに対して使う。

### 「納める」「収める」「治める」「修める」

「納める」はきちんとしまうことや金品を受取人に渡す、「収める」はきちんと中に入れる、「治める」国などを支配する、「修める」は技能などを身につける。

### 「開放」と「解放」

「開放」は門や戸を開け放して自由に出入りさせる意味で、「暖房中で開放厳禁」「開放的な性格」などと使う。「解放」は束縛や制限を取り除いて自由にする意味で、「解放感」「ストレスから解放される」などと使う。

### 「変える」「代える」「換える」「替える」

「変える」は変化、変更などで、「代える」は代用、代理、代役、交代など、「換える」交換、換金、置換、転換など、「替える」は交替、代替など。

### 「固い」「堅い」「硬い」

「固い」は強くしっかりしていて変形しないこと、「堅い」は中身が詰まっていることや信用できること、「硬い」石や金属などが外からの力に強いことに使う。

### 「乾く」と「渇く」

「乾く」（⇔湿る）は湿気・水分・潤いがなくなる意味で、「洗濯物が乾く」「空気が乾く」などと使う。「渇く」（＝「飢える」）はのどがかわく、満たされていないために強く求める意味で使う。

## 「関心」と「感心」

「関心」はある物事に対して特に心をひかれ、注意を向けること、「感心」はすぐれた物事に対して心を強く動かされることである。

## 「聞く」と「聴く」

「聞く」は音や声が耳に入る場合、「聴く」は音や声に耳を傾ける場合に使う。注意深く(身を入れて)、耳を傾ける「聴く」こと、傾聴することが大切である。

## 「効く」と「利く」

「効く」は期待どおりよい効果や働きが現れるときで、「薬が効く」「宣伝が効く」などと使う。「利く」は機能や能力が十分に発揮されるときで、「気が利く」「応用が利く」などと使う。

## 「健診」と「検診」

「健診」は、健康診断のこと。健康であるか否かを確かめるもので、その確認をするために、「病気の危険因子」があるか否かを見ていくものである。「検診」は、特定の病気を早期に発見し、早期に治療することを目的としたもので、予防医学の「二次予防」にあたる。

## 「越える」と「超える」

「越える」は場所・時間・点などを通過することで、一般的表記としても広く使う。「超える」はある一定の数量・基準・限度を上回るときで、「定員を超える」「限界を超える」などと使う。

## 「指す」「刺す」「挿す」「差す」

「指す」は物や方向を示す、「刺す」は突き通す、「挿す」は木や花を生けるときに。「注す」「射す」「点す」の意味を含めて一般的には「差す」を使う。

## 「努める」「勤める」「務める」

努力の場合は「努める」。勤労する場合は「勤める」、任務の場合は「務める」。「努める」と同義の「勉める」「力める」は表外音訓のため「努める」に置き換える。

## 「的確」「適確」「適格」

「的確」は間違いないこと（的確な判断・的確に伝えるなど）、「適格」は資格にかなうこと。「的確」と「適確」はほぼ同義で「的確」で統一する。

## 「解ける」と「溶ける」

「解ける」はほどける、ほぐれる意味で、固体が液体になるのは「溶ける」。「ひもが解ける」「緊張が解ける」「問題が解ける」「誤解が解ける」、「アイスが溶ける」「砂糖が水に溶ける」などと使い分ける。

## 「整える」と「調える」

「整える」は、きちんとする、乱れた所を直すという意味で使い（整理・整頓・整然 など）、「調える」は、準備する、まとめる、という意味のときに使う（新調・調味・調節 など）。

## 「計る」「測る」「量る」「図る」

「計る」は数量や時間を調べ数える、「測る」は高さ、長さ、広さ、深さなどを調べる、「量る」は体積や重さなどを調べる、「図る」は試みるや計画する。

## 「早い」と「速い」

「早い」は主に時間に関する「early」の意味で、「速い」は速度に関する「quick」「fast」「speedy」の意味で使い分ける。

## 「早い」と「速い」

「早い」は主に時間に関する「early」の意味で、「速い」は速度に関する「quick」「fast」「speedy」の意味で使い分ける。

## 監修：笠原　幸子（かさはら・さちこ）

学校法人四天王寺学園　四天王寺大学短期大学部　教授　学術博士
大阪市立大学大学院生活科学研究科生活科学専攻後期博士課程退学
社会福祉士と介護福祉士の養成に携わる。現場の介護職員を応援する研究がテーマ。著書『ケアワーカーが行う高齢者のアセスメント』（ミネルヴァ書房、2014年）ほか。共著多数。

協力：老人介護を考える集い（田中 幸子・山下 恵利子　ほか）

医学監修協力：堀　清記、堀　和子（医学博士）

## 編著：前田　万亀子（まえだ・まきこ）

プランニングMaki（介護コーディネーター・ライター）、一般社団法人PORO 理事、CSねっと企画合同会社 所属



スタッフ
表紙装丁／曽我部 尚之（E-FLAT）　表紙イラスト／藤本（佃）知佳子
本文イラスト／角田 正己（イラストレーションぷぅ）・藤本（佃）知佳子・森高 はるよ（アド・コック）
編集協力　本文デザイン・レイアウト／森高 はるよ（アド・コック）
企画編集／安藤 憲志　校正／堀田 浩之

安心介護ハンドブック⑰

# クイズでマスター 介護の知識

2014年11月　初版発行

---

監修　笠原　幸子
編著　前田　万亀子

---

発行人 岡本　功
発行所 ひかりのくに株式会社

---

〒543-0001　大阪市天王寺区上本町3-2-14
郵便振替00920-2-118855　TEL06-6768-1155
〒175-0082　東京都板橋区高島平6-1-1
郵便振替00150-0-30666 TEL03-3979-3112
URL http://www.hikarinokuni.co.jp
印刷所　図書印刷株式会社




Printed in Japan
ISBN 978-4-564-43127-2
C3036　NDC369.17　128P 15×11㎝
乱丁、落丁はお取り替えいたします。